CATALOGUE

D'UNE COLLECTION

DE

LIVRES RARES

Sur l'Amérique, la Terre-Sainte la Russie et la Pologne

OUVRAGES A FIGURES, ORNEMENTS D'ARCHITECTURE
ET LIVRES SUR LE BLASON ET LA NOBLESSE

*Dont la vente se fera samedi 15 et lundi 17 décembre 1860
à 7 heures du soir*

MAISON SILVESTRE

RUE DES BONS-ENFANTS, N° 28

SALLE DU PREMIER

Commissaire-Priseur, Me BOULOUZE, rue Olivier, n° 14

PARIS, 1860

*Librairie TROSS, rue Neuve-des-Petits-Champs, n° 5
et passage des Deux-Pavillons, n° 8*

CATALOGUE

D'UNE COLLECTION

DE

LIVRES RARES

Sur l'Amérique, la Terre-Sainte la Russie et la Pologne

OUVRAGES A FIGURES, ORNEMENTS D'ARCHITECTURE
ET LIVRES SUR LE BLASON ET LA NOBLESSE

Dont la vente se fera samedi 15 et lundi 17 décembre 1860
à 7 heures du soir

MAISON SILVESTRE

RUE DES BONS-ENFANTS, N° 28

SALLE DU PREMIER

Commissaire-Priseur, Me BOULOUZE, rue Olivier, n° 14

On remarque dans ces deux collections : N° 2. Grammatica de la lengua del Peru. *Lima*, 1607. — N° 3. Vocabulario de la lengua quichoa. *Lima*, 1608. — Nos 10 à 20. Libri de morbo gallico. — N° 36. Vesputius, 1509. — N° 132. Un manuscrit de Mandeville, en français du XIVe siècle, sur VÉLIN. — Les Galeries de Florence et de Turin, gr. in-fol. en superbes épreuves. — Quelques manuscrits fort précieux sur la noblesse de France. — N° 268. Les ornemens de Cuvilliés, 205 pl. gr. in-fol.

Et beaucoup d'autres livres importants.

PARIS, 1860

Librairie TROSS, rue Neuve-des-Petits-Champs, n° 5
et passage des Deux-Pavillons, n° 8

CONDITIONS DE LA VENTE.

Les adjudicataires payeront, en sus du prix des adjudications, cinq centimes par franc, applicables aux frais.

Les livres vendus devront être collationnés sur place dans les vingt-quatre heures. Passé ce délai, ou une fois sortis de la salle de vente, ils ne seront repris pour aucune cause.

Les articles au-dessous de 12 fr. ne seront admis à rapport que dans le cas où ils seraient incomplets par l'enlèvement de feuillet ou portion de feuillet emportant du texte. Ils ne seront pas repris pour taches, mouillures, déchirures, piqûres et autres défectuosités.

Les Livres seront exposés les jours de la vente, de 1 heure à 3 heures.

ORDRE DES DIVISIONS.

Collection de V.. d. H..m.

Seconde collection.

LIVRES SUR L'AMÉRIQUE

PROVENANT DE LA

COLLECTION DE FEU M. V. D. H..m

ANCIEN CONSUL A VALPARAISO.

I. LINGUISTIQUE, LITTÉRATURE.

1. Hermès, ou Recherches philosophiques sur la grammaire universelle, de J. Harris, trad. par François Thurot. *Paris, imprimerie de la République*, an IV, in-8, bas.

2. Gramatica y | arte nveva dela | lengva general de todo el | Peru, lla- | mada lengua Qquichua, o | lengua del Inca. | Añadida y cvmplida en todo lo qve le | faltaua de tiempos, y de la Grammatica, y recogido en forma de Arte | lo mas necessario enlos dos primeros libros. Con mas otros dos | libros postreros de addiciones al Arte para mas perficio- | narla, el vno para alcançar la copia de vocablos, | y el otro para la elegancia y ornato. | Compvesta por el Padre Diego Gonça- | lez Holguin dela Compañia de Iesus natural de Caçeres. || *Impressa enla Ciudad de los Reyes del Peru por | Francisco del Canto impressor.* | Año. M.DC.VII. | Esta tassada esta Arte a vn real cada pliego en papel. | Y tiene 37. pliegos. | Pet. in 4, parch.

> Ce volume contient 4 feuillets prél., 143 feuillets chiffrés et 1 feuillet pour la table. Bel exemplaire.

3. Vocabvlario | dela lengva gene- | ral de todo el Perv lla- | mada lengua Qquichua, o del Inca. | Corregido y renovado conforme ala | propriedad cortesana del Cuzco, Diuidido en dos libros, que son dos Vo- | cabularios enteros en que salen a luz de nueuo las cosas q faltauan | al Vocabulario. Y la suma de las cosas que se aumentanse | vea enla hoja siguiente. Vananadidos al fin los | priuilegios concedidos alos Indios. | Compvesto por el Padre Diego Gon- | çalez Holguin de la Compañia de Iesus, natural de Caçeres. || Con Licencia. || *Impresso enla Ciudad de los Reyes. Por Francisco del | Canto.* Año M.DC.VIII. | Esta tassado este Vocabulario a vn Real cada pliego en papel. | Y tiene 90. pliegos. | 2 vol. en un, pet. in-4 2 col., vél. vert.

> Le premier vol. contient 4 ff. prél. et 375 pages; le second 332 pages, plus 2 ff. pour le privilége. Bel exemplaire.

4. Arte de la lengua Moxa, con su vocabulario y catecismo, compuesto

por el M. R. P. Pedro Marban , de la Compañia de Jesus, superior, que
fue de las missiones de Infieles, que tiene la Compañia de essa povincia
de el Peru en las dilatadas regiones de los Indios Moxos, y Chiquitos.
S. l. (*Lima*, 1701), 2 vol. en un, pet. in-8, vél. vert.

> Le premier volume contient 8 ff. prél. et 664 pages ; le second 202 pages, plus
> 1 feuillet contenant : *Indice de los capitulos.*

5. **Arte** de grammatica da lingua Brasilica, de P. Luis Figueira. *Lisboa,
Deslandes*, 1687, pet. in-8 de 167 pages, parch. (Titre raccom.)

> Petit volume très rare.

6. **Toison d'or** de la langue phénicienne , par l'abbé F. Bourgade.
Paris, Duprat, 1852, in-fol., fig., br.

7. **Ueber** die unter dem Namen Bhagavad-Gita bekannte Episode des
Mahabarata. Von W. von Humboldt. *Berlin*, 1826, in-4, cart.

> Tiré à petit nombre. Exempl. avec dédicace autographe de Humboldt à M. Letronne.

8. **Didymi** Taurinensis literaturæ copticæ rudimentum. *Parmæ, ex typo-
grapheo regio*, 1783, gr. in-8, mar. rouge, fil. tr. dor. (Derome.)

> Avec envoi autographe de Bodoni à l'abbé Barthélemy.

9. **Le Gulistan** de Sadi (Jardin des Roses), *en persan*. Gr. in-8, maroq.
rel. orient. ornée de roses.

> Très beau manuscrit ancien , exécuté en Perse sur papier satiné.
> Le texte est entouré de larges filets d'or, ainsi que les comment. On y trouve des
> pages qui sont partagées de cette manière en 15 compart. et plus.

II. Livres *de morbo gallico.*

10. **Morbus gallicus. Tractatus** de pestilentiali Scorra sive mala de
Franzos. Originem remediaque eius continens, compilatus a magistro
Jos. Grunpeck de Burckhausen , super Carmina quedam Sebastiani
Brant. *S. l. a.* (circa 1497), pet. in-4 goth. de 12 ff., 36 et 37 ll. p.
page, cart.

> Petit volume très rare, un des premiers ouvrages sur ce sujet. La pièce de Seb.
> Brandt (a 2 — a 4), composée de 124 vers élégiaques, a pour titre : *Eulogium S.
> Brandt de Scorra pestilentiali sive mala de Franczos anni 69 (96) ad J. Capinon.*
> Sur le recto du titre se trouve une curieuse gravure en bois ; le verso est occupé par
> une autre.

11. **Libellus** Josephi Grünbeckii de Mentulagra, alias morbo gallico.
S. l. a. (*Memmingæ*, 1503). Pet. in-4 goth. de 14 ff., 31 et 32 ll. p.
page, d. rel.

> C'est un autre ouvrage que le numéro précédent. — Dans le même volume se trou-
> vent d'autres pièces de médecine.

12. **Libellus** ad evitandum et expellendum morbum gallicum, ut nunquam revertatur, noviter inventus ac impressus (editus per Joa. Almenar
Hispanum). *Venetiis, Bernadinus de Vitalibus*, 1502, pet. in-4 de 22 ff.
dont le dernier blanc, car. ronds, cart.

13. **Mentagra**, sive Tractatus de causis, præservativis, regimine et
cura morbi gallici vulgo malafrançosz, ingenio..... Vuendelini Hock de
Brackenau.., quem subsequitur tractatus de curandis ulceribus hunc morbum ut in plurimum consequentibus. *Argentinæ, Schott.* 1514, pet. in-4
de 56 ff., cart.

> L'auteur dit que cette maladie s'est montrée pour la première fois vers 1444.

14. Hieronymi Fracastorii Syphilis sive morbus gallicus. *Veronæ*, 1530, pet. in-4, vél.

Première édition.

15. Epitome opusculi de curandis pustulis, ulceribus, et doloribus morbi gallici, mali frantzoss appellati, autore Lorentio Phrisio. *Basileæ, H. Petri.* 1532, pet. in-4 de 63 p. cart.

16. Nicolai Massa liber de morbo gallico, noviter editus, in quo omnes modi possibiles sanandi ipsum, mira quadam et artificiosa doctrina continentur. *Venetiis, Bindoni et Pasini*, 1536, pet. in-4 de 51 ff. cart.

17. Benedicti Victorii Faventini de morbo gallico liber. *Florentiæ, Laur. Torrentinus*, 1551, in-8, vél.

Bel exemplaire en grand papier.

18. Luis venereæ perfectissimus tractatus, ex ore Herculis Saxoniæ, indice locupletatus et luci datus opera Andreghetti Andreghetii. *Patavii*, 1597, in-4 de 57 ff. cart.

Donum autoris VII novemb. III Patavii.

19. Aurelii Minadoi tractatus de virulentia venerea, in quo omnium aliorum hac de re sententiæ considerantur, mali natura explicatur, caussæ et differentiæ, aliaque cum dogmatica curatione proponuntur. *Venetiis, Meiettus*, 1596, pet. in-4 de 8 ff. et 284 pages, cart.

20. Contro alla peste et d'autres pièces. *Firenze par gli heredi* di Giunta, 1523, pet. in-8, 60 feuil. chiff., d. rel. mar. vert.

III. Mélanges. Livres sur l'Amérique.

21. Dictionnaire comparé de la géographie ancienne, du moyen âge et moderne, par Bischoff et Moeller. *Gotha*, 1829, v. ant. fil.

Ce volume important de XII et 1107 pages donne *les noms latins ou grecs* des villes aux trois époques indiquées (quelquefois avec une petite explication en allemand).

22. Recherches sur la géographie systématique et positive des anciens, pour servir de base à l'histoire de la géographie ancienne. *Paris, imprimerie de la République, et imprimerie Impériale*, an VI-1813, 4 vol. gr. in-4, cartes, rel.

Ouvrage important, devenu rare.

23. Ptolemæi geographicæ enarrationis libri octo, ex Bil. Pirckeymher tralatione (sic), sed ad græca et prisca exemplaria a Mich. Villanouano (Serveto) iam primum recogniti. *Lugduni, Trechsel*, 1535, in-fol., fig. et cartes grav. sur bois, cart.

Bel exemplaire. Dans le procès du malheureux Serveto, cette édition était particulièrement incriminée. Elle est ornée de belles gravures en bois, de larges bordures, etc., attribuées à Holbein (on y trouve même son monogramme).

C'est un volume extrêmement rare.

24. Strabonis rerum geographicarum libri XVII. Isaacus Casaubonus recensuit... Adjuncta est G. Xylandri versio, acc. T. Morelli observatiunculæ. *Lutetiæ Parisiorum, typis regiis*, 1620, in-fol., vél. cordé. (Aux armes.)

25. Dionysius de situ orbis. *Parisiis, per Georgium Wolff et Thielmannum Kæruer*, 1497, pet. in-4°, car. ronds, 16 ff., non rel.

26; **Dionysii** geographia (græc. et lat.), emendata et locupletata, additione scil. Geographiæ hodiernæ, græco carmine pariter donatæ. Cum 16 tabulis geographicis. Ed. E. Wells. *Oxonii*, 1709, in-8, cart.

> Le chapitre XXX contient une description de l'Amérique, et le chapitre XXXV une autre des Antilles en vers grecs et latins.

27. **Arriani** de expeditione Alexandri Magni (græc. et lat.). *Anno* 1575 *excud. Henr. Stephanus.* — Arriani historici, Ponti Euxini et maris Erythræi Periplus. *Genevæ*, 1577, 3 vol. en un, in fol., vél. cordé.

28. **Fasciculus** temporum. *Argentinæ, Joh. Prysz*, 1487, pet. in-fol. goth., fig. en bois, cart.

> Chronique universelle. Au recto du feuillet 89, on lit la notice sur *l'invention de l'imprimerie* à Mayence.

29. **De Geographia** universali hortus cultissimus, mire orbis regiones, provincias, insulas earumque dimensiones et orizonta describens (arabice, autore Edrisi). *Romæ, e typogr. Medicea*, 1592, in-4, maroq. olive à recouvrem. (Rel. orient.)

> On a ajouté la traduction latine par G. Sionita et J. Hesronita. *Parisiis*, 1619, in-4, vélin.
> C'est très rare de trouver ces deux volumes réunis. Exempl. d'Anquetil Duperrou, vendu 40 fr. à sa vente.

30. **Historiæ** navalis mediæ libri tres, autore Tho. Rivio. *Londini, R. Hodgkinsonne*, 1640, pet. in-8, veau éc., fil. tr. dor.

31. **Historiæ** per saturam ex novi orbis scriptoribus..., studio J. Blocii *Rostochii*, 1627, pet. in-12, cart.

> Volume très rare, non cité par les bibliographes, qui contient des extraits de Benzon, Gomara, Lery, Candish, Walther Rhaleigh, etc.

32. **Mémoires** sur le commerce des Hollandais dans tous les états et empires du monde. *Amsterdam, du Villard*, 1717, in-12, vél. bl.

33. **Libro** del consolato, nuovamente stampato con la gionta delle ordinationi sopra legni, armati, e sicurta, e cerca l'entrate, ed uscite. *Venetia, al signo della Torre.* (A la fin): *Stampato per Giovanni Padoano, etc.*, 1549, in-4, parch. (Mouillé.)

34. **Martin Cortes.** Breve compendio de la sphera y de la arte de nauegar, con nuevos instrumentos y reglas, exemplificado con muy subtiles demonstraciones. *Sevilla*, Anton. Alvarez, 1551, in-fol. goth., sign. A.-M., fig. sur bois, parch.

> Extrêmement rare. Bel exempl. qui contient toutes les pièces mobiles.
> Le volume, imprimé en gros caract. goth., contient des détails précieux sur l'aiguille aimantée, etc.

35. **Sphæra Mundi**, sive cosmographia, V libris recens auctis et emendatis absoluta. Auct. Or. Finæo, math. regio. *Lutetiæ, Vascosan*, 1551, fig. — Orontii Finæi Delphinatis, in mundi sphæram, ac in planetarum theoricas libri II. *Lutetiæ*, 1553. — Or. Finæi, de rectis in circuli quadrante subtentis (quos vocant sinus), libri duo. *Parisiis, Calderius*, 1550. — Ejusdem de universali quadrante. *Parisiis*, 1550. — Ejusd. De duodecim cœli domiciliis, et horis inæqualibus. *Lutetiæ, Vascosan*, 1553. — Ejusd. de speculo ustorio, ignem ad propositam distantiam generante, liber unicus, in quo duarum linearum semper appropinquantium, et nunquam concurrentium, colligitur demonstratio. *Lutetiæ*, 1551, 6 vol. en un, in-4, fig., vél.

> Collection de traités tout aussi précieux que rares.

36. **Cosmographie** introductio : cum quibusdam Geometrie ac Astronomie principiis ad eam rem necessariis. — Insuper quatuor Americi

Vespucii navigationes. *Pressit apud Argentoracos hoc opus ingeniosus vir Joannes Gruninger. Anno post natum Salvatorem supra sesquimillesimum nono (1509). Joanne Adelphio Mulicho Argentin. castigatore.* Pet. in-4 goth., vél.

> Edition encore beaucoup plus rare que l'édition de Saint-Dié.
> La grande planche pliée s'y trouve.
> Bel exemplaire.

37. Cosmographiæ introductio cum quibusdam Geometriæ ac Astronomiæ principiis, ad eam rem necessariis. *Venetiis, in calcographia Francisci Bindonis et Maphei Pasini,* 1537, pet. in-8, fig., cart.

> Le même volume contient : Sphæra Joannis de Sacrobusto. *Venetiis,* 1548.—Novæ theoricæ planetarum. *Venetiis, Sessa,* 1545.

38. Supplementi de le Chroniche vulgare nouamente dal venerando frate Jacobo Philippo, del ordine heremitano, primo auctore, agiunte ed emendate... insino al anno 1503. *Venetia,* Georgio de Rusconi, Milanese, 1508, in-fol. à 2 col., fig. en bois, v. (Bel exempl.)

> Volume fort rare, qui contient aux feuillets 332 et 333 *la relation de la découverte de l'Amérique par Christophe Colomb.*

39. Isolario di Benedetto Bordone, nel quel si ragiona di tutte le isole del mondo, con la gionta del Monte del Oro nuovamente ritrouato (copia delle lettere del prefetto della India la Nova Spagna detta). *Vinegia (Francesco di Lena,* 1532), in fol., cartes grav. en bois, rel.

> Edition non citée, plus complète, pour les passages qui concernent l'Amérique, que les autres.

40. Historiale description de l'Afrique, escrite par Léon Africain, premièrement en langue arabesque, mise en françois par J. Temporal. *Lyon, J. Temporal,* 1556, 2 vol. en un, in-fol., fig. en bois.

> Collection de voyages en Asie, Afrique et Amérique, dans le genre de celle de Ramusio, devenue rare.
> Elle contient les voyages de Cademoste; — Vespuce ; — à l'île de Saint-Thomas; — Vasco de Gama; — Alvarès; — Th. Lopez, etc., etc.
> Les gravures sont très belles.

41. L'Isole più famose del mondo, descritte da Thomaso Porcacchi, de Castiglione, e intagliate da Girolamo Porro. *Vinegia, Galignani,* 1576, in-fol., cartes, vél.

42. —— più famose del mondo, descritte da Thomaso Porcacchi, Aretino, e intagliate da Girolamo Porro. *Padova,* 1620, in-fol., cartes, rel.

43. Relations de divers voyages curieux, par Thevenot. Première partie. *Paris,* 1663, in-fol., fig. et cartes, rel.

> Cette première partie contient toutes les pièces indiquées dans le Manuel.

44. Collection de tous les voyages aux Indes occidentales et orientales, depuis 1246 jusqu'en 1696, dont une partie est restée inédite jusqu'à ce jour (en hollandais). *La Haye, van der Aa.* 1707, 30 vol. in-8, fig. et cartes, veau.

> Collection importante, surtout pour l'Amérique du Nord. Elle contient une grande quantité de gravures en taille-douce, et un certain nombre de relations que l'on ne trouve pas ailleurs.
> Exempl. parfaitement complet et uniformément relié.

45. Navigantium atque itinerantium bibliotheca, or a complete collection of voyages and travels consisting of above six hundred of the most authentic writers...., published by Harris. *London,* 1744, 2 vol. gr. in-fol., fig. et cartes, veau.

> Bel exemplaire de la bonne édition.

46. Die nieuwe weerelt der landschappen en eylanden, etc , etc.
Gheprint T'hantwerpen in die Cammerstrate inden Arent tsegen Scarabeum
by my *Jan vander Loe*. Anno MDLXIII (1563). Fol. goth., rel. en bois.

Inhoud.

Voorreden æn... Guilhelm Prince van Oranie, etc., von *Cornelis Ablyn*.

1. Waerachtighe... bescryuinghen der plaetsen in den Heyligheu Lande... doer broeder *Burcardum* den monnenck bescreven, fol. 1.
2. Drye boeken Marcus Pauwels, etc., fol. 27.
3. Een bœcxken *Haythons* des Conincks, etc., fol. 104.
4. Twee bœcxkens *Matthys* van *Michauw* van beide die Sarmatien in Asia en Europa gelegen, ende van den Tartaren, ende ook van die verdestrueringhe der Ruysen, Pruysen... ende meer andere landen als v.d. Gothen, Juhri, Slauonen, Wandalen, Alanen, Suawen, Lattouwen, Moscouien, etc., etc., fol. 153.
5. Een bœcxken *P. Jouii*... vande Muscouitesche Ambassadorye, fol. 193.
6. Twee bœcxhens *Erasmi Stellæ* van het oude afcomen der Pruysen an Ruyssen, fol. 206.
7. Een bœcxken *Petri Aliaris* van sinen schipuærden met diversche cooplieden brieuen ende van der Stat Callicœten, fol. 216.
8. Een b. der schipværden *Josephi des Indiuners* van der Stadt Carauganora, hœ dat hy in Portugael, tot Romen ende tot Venegien gecomen is, fol. 226.
9. Een Messivbrief des Conincks *Emanuel van Portugael* an Paus Leo X van den Geschiedenissen en victorien in India ende Malaga gecregen, fol. 235.
10. Die schipuært *Christophori Colombi*, etc., etc., fol. 238.
11. »   »   *Petri Alonsi* . . . . . . fol. 259.
12. »   »   *Vincentiani Pinzoni* . . . . fol. 260.
13. »   »   *Aloysii Cadamusti* . . . . . fol. 265.
14. Twee historien vanden nieuwe Hispanien oft Indien door *Ferdinando Cortesio* æn Carolo V, etc., etc., fol. 334.
15. Eene nieuwe historie van Canaria ende Camaria van wien dese landen gheuonden syn ende meer andere landen in India, fol. 504.
16. Dertich bœcken *Petri Martyris*, etc., fol. 522.
17. Noch een bœcxkens vandenselven von nieuwe Eylanden ende vanden inwoonderen, fol. 661.
18. Drie bœcxkens vander Ambassaderyen tot Babilonien vanden Coninck Ferdinando en der Coninginne Elisabet von Spanien æn die Venetianen ende den Soudan *Petri Martyris*, fol. 678.
19. Een becortinge drie schipuærden *Alberici Vespucii*, etc., fol. 710.
20. Vier schipuærden Alberici oft *Americi Vespucii*. . . . fol. 717.
21. Seuen bœcken Lodowycx *Vartomans* . . . . . . fol. 818.

Collection d'une insigne rareté ; nous n'en connaissons pas un autre exemplaire.

47. Menologium sanctorum, beatorum, miraculosorum, incorruptorum, extaticorum, beneficiorum et ..... martyrum, confessorum, virginum, viduarum, pœnitentium, ex triplice ordine fratrum minorum, clarissarum, utriusque sexus pœnitentium. Quos omnes Seraphicus Pater N. Franciscus ab Assisio in Umbria luci datus, etc., auct. Fort. Hubero. *Monachii*, 1698, in-fol., fig., peau de tr.

Volume de près de 2000 pages, qui contient beaucoup de notices sur *le Mexique* et *l'Amérique du Nord*.

48. Voyage fait par ordre du roi, en 1771 et 1772, en diverses parties de l'Europe, de l'Afrique et de l'Amérique, pour vérifier l'utilité de plusieurs méthodes et instruments servant à déterminer la latitude et la longitude, etc., par Verdun de la Crenne, Borda et Pingré. *Paris, imprimerie royale*, 1778, 2 vol. in-4, fig. et cartes, maroq. rouge, fil., tr. dor. (Anc. rel.)

49. Dissertazione intorno ad alcuni viaggiatori eruditi Veneziani, poco noti, publicata da Don Jac. Morelli. *Venezia*, 1803, gr. in-4, front. grav., cart.

50. Mémoires sur les questions proposées par l'Académie des Sciences et Belles-Lettres de Bruxelles qui ont remporté les prix en 1778 (Mém. par le marquis du Chasteler, par l'abbé de Merssemann. M. Méan et M. d'Hoop : *Sur les expéditions des Belges dans les pays lointains*). *Bruxelles*, 1779, 5 tomes en 1 vol. in-4, maroq. rouge, fil. tr. dor. (Auc, rel.)

Rare.

51. Historie del Signor D. F. Colombo, nelle quali s'hà particolare et vera relatione della vita, e de' fatti dell' ammiraglio. D. Christ. Colom suo padre, e dello scoprimento ch' egli fece dell' Indie Occidentali. *Venetia, Brigonci*, 1676, in-12, cart. non rogn.

52. La Vie de Michel de Ruyter, où est comprise l'histoire maritime des Provinces-Unies, depuis l'an 1652 jusques en 1676. Par Ger. Brandt. *Amsterdam, Blaeu*, 1698, in-fol., fig. de Stopendael, vél. cordé.

Très important pour l'histoire de l'Amérique du Nord. Il ne faut pas confondre ce grand ouvrage avec l'extrait qui a été publié du format pet. in-12.

53. L'Amérique en plusieurs cartes nouvelles et exactes, etc., en divers traitez de géographie et d'histoire..., par Sanson d'Abbeville. *Paris*, s. d., vers 1660, gr. in-4, veau.

54. Delle cose che vengono portate dall' Indie Occidentali pertinenti all uso della medicina, da N. Monardes. *Venetia, Ziletti*, 1575, 2 part. en 1 vol. pet. in-8, fig. sur bois, vél.

55. Velos antiguos y modernos en los rostros de los mugeres sus conueniencias i danos. Ilustracion de la Real Prematica de las Tapadas, por A. de Leon Pinelo, relator del consejo de las Indias. *Madrid, Sanches*, 1641, pet. in-4, vél.

On y trouve au chapitre XV des ordonnances défendant aux femmes du Mexique et du Pérou de porter des voiles.

56. Nova typis transacta navigatio novi orbis Indiæ Occidentalis, admodum rev. P. P. Dn. Buellii Cataloni.... sociorumque monachorum ex ordine S. P. Benedicti ad Novi Mundi barbaras gentes Christi S. Evangelium prædicandi gratia delegatorum sacerdotum..., nunc primum e variis scriptoribus in unum collecta et figuris ornata authore Honorio Philopono. *S. l.*, 1621, 2 vol. in-fol., fig., vél.

Relation curieuse, ornée de singulières gravures en taille-douce, dont celle qui se trouve entre les pages 12 et 13 représen'e une messe célébrée sur une baleine.

Les planches se trouvent *en double* dans cet exemplaire.

57. Le voyage curieux faict autour du monde, par François Drach, admiral d'Angleterre. Augmenté de la seconde partie (par F. de Louvencourt). *Paris, Robinot*, 1644, pet. in-8, vél.

58. Descriptio Indiæ occidentalis per Antonium de Herrera (en hollandais). *Amsterdam, M. Colyn*, 1622. — Voyage de Jacques Le Maire (en hollandais). *Amsterdam*, 1622. — 2 part. en 1 vol. in-fol., fig. et cartes, parch.

On trouve à la fin du second ouvrage des extraits de voyages de Juan de More, de Magellanes, de Jutieres Carvajal, de Garcia de Loaysa, de François Drake, de Pedro Sarmiento, de Thomas Cavendisch, de Jacques Mahu et Simon de Cordes, et d'Olivier Van Noort.

Les derniers feuillets occupent des vocabulaires de l'île de Salomon, de l'île des Cocos, de la Nouvelle-Guinée, de l'île de Moyse et de l'île de Moo.

Deux portraits de Cavendisch et Drake ajoutés.

59. Istoria o breuissima relatione della distruttione dell' Indie occidentali di Rev. Don Bartolomeo dalle Case, ò Casaus, Sevigliano, dell Ordine de' Predicatori, trad. da Giacomo Castellani. *Venetia, Marco Ginammi*, 1643, 6 ff. prél. et 150 pages. — Conquista dell' Indie occidentali, trad.

da Marco Ginammi. *Venetia*, 1645, 184 pages. — Il supplice Schiavo Indiano, trad. da M. Ginammi. *Venetia*, 1657, 96 pages. — Il Supplice Schiavo Indiano. *Venetia*, 1636, 118 pages. — La liberta pretesa dal supplice Schiavo Indiano, trad. da M. Ginammi. *Venetia*, 1640, 155 pages, 5 vol. rel. en 2 in-4, vél. non rogné.

    Exemplaire unique d'une collection aussi précieuse que rare. — Le texte espagnol et la traduction italienne se trouvent en regard sur les deux colonnes.

60. Histoire générale des Indes occidentales et terres neuves qui, jusques à présent, ont esté descouvertes. Augmentée..... de la description de la Nouvelle Espagne. Composée en espagnol par François Lopez de Gomara, et trad. par S. de Genillé, Mart. Fumée. *Paris, M. Sonnius,* 1587, in-8, vél.

61. — — des voyages des Castillans dans les isles et terre ferme des Indes occidentales, trad. de l'espagnol d'Ant. Herrera. *Paris,* 1671. — Seconde décade. *Paris,* 1660, 2 vol. in-4, bas.

62. Histoire de la conquête du Mexique ou de la Nouvelle Espagne, par Fernand Cortez, trad. de l'espagnol de Dom Ant. de Solis. *Paris,* 1714, 2 vol. in-12, fig., veau.

63. Historia di Don Ferdinando Cortes, con le sue maravigliose prodezze nel tempo, che discopri, et acquisto la Nuova Spagna, composta da F. Lopèz di Gomara, trad. da Agost. di Cravaliz. *Venetia, F. Lorenzini da Turino,* 1560, pet. in-8, parch.

64. Histoire de la conquête du Mexique par Fernand Cortez, trad. de l'espagn. d'Ant. Solis. *Paris,* 1704, 2 vol. in-12, fig., veau.

65. Teatro | mexicano | Descripcion breve | de los svcessos exemplares, | historicos, politicos, | Militares, y Religiosos del nuevo mundo | Occidental de las Indias, | dedicado | Al Esposo de la que es del mismo Dios Esposa, | Padre putativo del Hijo, que es Hijo del mismo | Dios Christo, Dios, y humbre verdadero. | Por el R. P. Fr. Avgvstin de Vetancvrt, | Mexicano, hijo de la misma Provincia de Mexico. | *En Mexico por Dona Maria de Benavides Viuda de Iuan de Ribera. Ano de |* 1698. — 3 part. en 1 vol. in-fol., parch.

    Tache jaune dans la marge d'un certain nombre de feuillets.

66. Historia verdadera de la conquista de la Nueva España, escrita por el capitan Bernal Diaz del Castillo, uno de sus conquistadores. *Madrid, Cano,* 1795-96, 4 vol. pet. in-8, cart.

67. La Prima parte (seconda e terza), dell' istorie del Peru, dove si tratta delle provincie, delle citta nuovo in quel paese edificati, i riti e costumi de gli Indiani, etc., composta da Pietro Cieza. — La seconda parte delle historie generale dell India. Nelle quali, oltre all' imprese del Colombo et di Magellanes si tratta del re Atabalippa, delle perle. Historia di Don Ferdinando Cortez, con le maravigliose prodezze, nel tempo che discopri ed acquistò la nuovo Spagna. Parte terza. *Venetia,* 1556-1576, 3 vol. in-8, d. rel. maroq. rouge. (Un peu mouillé.)

    Collection de la plus grande rareté.

68. Relation du voyage de la mer du Sud aux côtes du Chili, du Pérou et du Brésil, par Frezier. *Amsterdam, Humbert,* 1717, 2 tomes en 1 vol. in-12, fig., vél. bl.

69. Relation abrégée d'un voyage fait dans l'intérieur de l'Amérique méridionale, par M. de La Condamine. — Lettre à Mme *** sur l'émeute populaire excitée en la ville de Cuenca au Pérou le 29 d'août 1739. *Paris,* 1745-46, 2 part. en 1 vol. in-8, carte et fig., veau.

70. **Le Commentaire royal**, ou l'Histoire des Yncas roys du Peru, escritte en langue peruvienne par Garcilasso de la Vega, traduitte par J. Baudoin. *Paris, Courbé*, 1633, in-4, frontisp., v. f. (Rel. orig.)

71. **Histoire des Yncas**, rois du Perou, trad. de l'espagnol de l'Ynca Garcilasso de la Vega. On a joint l'Histoire de la conquête de la Floride. *Amsterdam, Bernard*, 1737, 2 vol. in-4, fig. de B. Picart, v.

72. **Voyage** historique de l'Amérique méridionale, par Don George Juan et Don Ant. de Ulloa. Avec l'Histoire des Yncas du Perou (publ. par de Mauvillon). *Paris, Jombert*, 1752, 2 vol. in-4, fig. et cartes, v.

73. **Nouvelle relation**, contenant les voyages de Th. Gage dans la Nouvelle Espagne, ses diverses aventures, et son retour par la province de Nicaragua jusques à la Havane. *Paris, Clouzier*, 1676, 4 part. en 2 vol. in-12, rel. (Première édition.)

74. **Cronica** del gran regno del Peru da Pietro la Cicca. — Historia delle Nuove Indie, composta da Francesco Lopez di Gomara. Trad. nella italiana lingua per Ag. di Cravaliz. — Historia di Don Fernando Cortez, composta da Francesco Gomara. *Venetia, Cam. Franceschini*, 1576, 3 vol. pet. in-8, d. rel. mar. bleu.

75. **Histoire** du Paraguay, par P. F. X. de Charlevoix. *Paris*, 1757, 6 vol. in-12, cartes, bas. (Manque quelques planches.)

76. **Histoire** du Paraguay sous les Jésuites, et de la royauté qu'ils y ont exercée pendant un siècle et demi. *Amsterdam et Leipzig*, 1780, 3 vol. in-8, carte, bas.

77. **Histoire** naturelle et morale des îles Antilles de l'Amérique. Enrichie d'un grand nombre de belles figures en taille-douce des places et raretés qui y sont décrites (par de Rochefort). Avec un vocabulaire caraïbe. *Roterdam*, 1665, in-4, vél.

   Seconde édition.

78. **Relation** de l'establissement d'une colonie françoise dans la Gardeloupe, isle de l'Amérique, et des mœurs des sauvages. Dédiée à Marie Leonor de Rohan, abbesse de l'abbaye royale de Caen. Composée par le F. Mathias du Puis. *Caen, Marin Yvon*, 1652, in-8, v. jasp. fil.

   8 feuillets prél. et 248 pages.
   Volume rarissime. Les notes marginales des pages 29, 36 et 54, ont été légèrement atteintes par le ciseau du relieur.

79. **Le Tableau** de l'isle de Tabago ou de la Nouvelle Oualchere, l'une des isles Antilles de l'Amérique. *Leyde, J. le Carpentier*, 1665, pet. in-8, vél.

   On a ajouté à cet exemplaire l'affiche rarissime par laquelle les frères Lampsins, seigneurs de Tabago, encouragent l'immigration.

80. **Memorial** del pleyto entr. D. Francisco Pizarro y la ciudad de Truxillo. *S. l.* 1618, in-fol., d. rel. mar. bl. (Le prem. feuillet endommagé.)

   Volume de 12 feuillets avec des additions manuscrites. Il paraît avoir été imprimé dans l'*Amérique du Sud*, et il a été envoyé en forme de lettre (plié) en Europe.

81. **Voyage** de Marseille à Lima, et dans les autres lieux des Indes occidentales, par le sieur D. (Durret). *Paris, Coignard*, 1720, 2 part. en 1 vol. in-12, veau.

82. **Res Brasiliæ**, imperante Ill. D. J. Mauritio, Nassoviæ principe, per C. Barlæum. Acced. G. Pisoni tractatus. *Clivis*, 1660, pet. in-8, front. grav. et portr., br.

   Exempl. non rogné.

83. Istoria delle guerre del regno del Brasile, accadute tra la corona di Portogallo, e la republica di Olando, composta dal P. F. Gio. Gioseppe di S. Teresa. *Roma, Ant. de Rossi,* 1700, in-fol., fig., parch.

> Ouvrage tout aussi important que rare, orné d'un certain nombre de planches grav. sur cuivre.

84. Noticia de la California, y de su conquista temporal y espiritual, hasta el tiempo presente. Sacada de la historia manuscrita, formada en Mexico par le P. Miguel Venegas, de la Comp. de Jesus; y de otras noticias, y relaciones antiguas y modernas. Añadida de algunos mapas particulares, y uno general de la America septentrional. *Madrid,* 1757, 3 vol. in-4, parch.

> Rare.

85. Historie ofte jaerlijck Verhael van de West-Indische Compagnie. — C'est-à-dire : Histoire de la Compagnie des Indes occidentales, depuis leur commencement jusqu'en 1636, décrite en 13 livres, et ornée de gravures en taille-douce, par Jean de Laet. *Tot Leyden, B. et A. Elzeviers,* 2 vol. en un, in-fol., fig., vél. On trouve à la fin le catalogue des navires pris sur les Espagnols dans les eaux de l'Amérique de 1623 à 1636, en tout 529.

> On a ajouté le document *original*, la missive manuscrite et revêtue de la *signature autographe* du prince Maurice de Nassau, dans lequel il ordonne la formation de cette compagnie.

86. Nouvelle France. Historia dell' India America, detta altremente Francia antartica di M. A. Tevet, trad. da Gius. Horologgi. *Venetia, Gioliti,* 1584, pet. in-8, vél.

> Ouvrage rare et important pour l'histoire du Canada.

87. De successu Evangelii apud Indos occidentales, in Nova-Anglia epistola, a Crescentio Mashero, apud Bostonienses V. D. M. nec non collegii Harvardini quod est Cantabrigæ Nov.-Anglorum, rectore. Bostoniæ Nov.-Anglorum julii 12. 1687. — *Ultrajecti, apud Wilh. Broedeleth,* 1697, pet. in-8, vél.

> Plaquette d'une insigne rareté.

88. Memoirs of Thomas Hollis, esq. *London,* 1780, 2 vol. tr. gr. in-4, fig., veau fauve, fil. (Aux armes.)

> Privately printed and very scarce. With numerous beautiful engravings by Bartolozzi, including portraits of Milton, Locke, Algernon Sidney, Maxwel, Hutchinson, Hub. Languet, etc., with the 48 additionnal pages betwen p. 532-533, wich are often wanting. « The splendidly illustrated memoirs contain a great deal of curious and interesting literary matter especially respecting Milton, not to be found elsewhere. » (Lowdens.)
>
> On trouve dans les deux volumes beaucoup de pièces sur l'Amérique du Nord, surtout sur le *Harvard-Collége* (New-England). De 1718-1726, les dons au collége dépassent 6800 l. st.

89. Relations de la Louisiane et du fleuve Mississippi, où l'on voit l'état de ce grand pays et les avantages qu'il peut produire. *Amsterdam, Bernard,* 1720, in-12, fig. et carte, br. (Mouillé.)

9 0. Ausführliche Nachrichten von der Colonie Salzburgischer Emigranten in Amerika, nebst verschiedenen Reise-Diarien so wie auch einer Beschreibung Georgias, imgleichen unterschiedlicher hierher gehöriger Briefe (aus verschiedenen Theilen von Amerika), herausgegeben von Samuel Urlsperger. *Halle,* 1738-1746, 2 forts vol. in-4, portr. et carte, veau. (Complet.)

> Les habitants réformés de Saltzbourg, expulsés en 1733 par l'archevêque Eleutherius de Firmian, émigraient en partie pour l'Amérique du Nord, et fondaient en Géorgie

non loin du Savannah, une colonie appelée *Eben-Ezer*. Mess. Bolzius et Gronau, ministres de cette ville, envoyaient chaque année une relation à M. Urlsperger, ministre protestant à Augsbourg, qui la faisait imprimer, comme une espèce de journal, avec d'autres pièces concernant les établissements des Allemands dans l'Amérique du Nord. Ces relations, très détaillées et sous chaque rapport du plus haut intérêt, forment plus de 6,000 pages.

On a ajouté à cette collection extrêmement rare un grand plan d'Eben-Ezer, gravé à l'époque.

91. **Mémoires** des commissaires du roi et de ceux de Sa Majesté britannique sur les possessions et les droits respectifs des deux couronnes en Amérique. *Paris, Imprimerie royale*, 1755-57, 4 vol. in-4, veau. (Aux armes de France.)

Bel exempl. d'une collection importante, devenue rare.

92. **Les Avantures** de Monsieur Robert Chevalier, dit de Beauchêne, capitaine de flibustiers dans la nouvelle France, redigées par M. Le Sage. *Paris, Ganeau*, 1732, 2 vol. in-12, fig., veau.

93. **An account** of six years residence in Hudson's-Bay, from 1733 to 1736, and 1744 to 1747, by Joseph Robson. *London*, 1752, in-8, cartes, d. rel.

94. **La vie**, les avantures, et le voyage de Groenland, du R. P. Pierre de Mesange. *Amsterdam, Roger*, 1720, 2 vol. in-12, veau. (Aux armes de Caumartin.)

95. **Zeno.** De i commentarii del Viaggio in Persa di M. Caterino Zeno il K, et delle guerre fatte nell' imperio persiano... libri due. Et dello scoprimento dell' Isole Frislanda, Eslanda, Engrouenlanda, Estotilanda e Icaria, fatto sotto il Polo Artico da due fratelli Zeni, M. Nicolo il K. e M. Antonio. *Venetia, Marcolini*, 1558, pet. in-8, maroq. rouge, tr. dor.

Volume de la plus grande rareté. La grande carte, qui manque presque toujours, se trouve dans notre exemplaire; mais elle paraît avoir été réimprimée.

COLLECTION D'OUVRAGES

SUR

L'ASIE ET L'AFRIQUE.

95 *bis*. **A voyage** to the pacific ocean, undertaken, by the command of his majesty, for making discoveries in the northern hemisphere. Vol. I and II written by James Cook. Vol. III by James King. *London*, 1785, 3 vol. gr. in-4, mar. rouge, fil. tr. dor. (anc. rel.), et atlas gr. in-fol., d. rel. mar. r.

Très bel exemplaire en grand papier.

96. **Bibliothèque** Asiatique et Africaine, ou Catalogue des ouvrages relatifs à l'Asie et à l'Afrique qui ont paru depuis la découverte de l'imprimerie jusqu'en 1700, par H. Ternaux-Compans. *Paris, A. Bertrand*, 1841, 2 vol. in-8 (dont un de supplément), br.

97. **Bibliotheca** Arabica, aucta nunc atque integra, ed. C. F. de Schnurrer. *Hallæ*, 1811, in-8, veau ant.

Brunet, IV, 227.

98. Du Culte des dieux fétiches, ou Parallèle de l'ancienne religion de l'Egypte avec la religion actuelle de la Nigritie. *S. l.*, 1760, in-12, cuir de Russie dent., tr. dor.

99. La Religion des Mahométans exposée par leurs propres docteurs. Tiré du latin de M. Reland. *La Haye, Vaillant*, 1721, in-12, fig., veau, f. fil. (Anc. rel.)

100. Opera chiamata confusione della setta Machumetica, composta per G. A. gia Moro et Alfacqui, trad. per Dom. de Gaztelu. *Stampata in Spagna ne la città di Seviglia*, 1537, pet. in-8, vél.

101. Histoire du christianisme dans les Indes, par M. V. La Croze. *La Haye*, 1758, 2 tomes en 1 vol. in-12, fig., vél.

102. The oriental fabulist, or Polyglot translations of Esop's and other ancient fables; into hindostanee : — persian ; — arabic; — erij; — B,Hak, Bengla, and sungskrit. — In the roman character. *Calcutta*, 1803, v. dent. tr. dor.

> Une des éditions les plus rares d'Esope.

103. Traité des instruments astronomiques des Arabes, composé au XIIIe siècle par Alboul Hassan Ali de Maroc, traduit sur le manuscrit 1147 de la Bibliothèque Roy. par J.-J. Sédillot, et publié par L.-Am. Sédillot. *Paris, Imp. Roy.*, 1834, 2 part. en 1 vol. in-4, fig., d. rel. mar. vert.

104. Plantarum minus cognitarum centuriæ III, complectens plantas circa Byzantium et in Oriente observatas per J. C. Buxbaum. *Petropoli*, 1728-29, 3 part. 1 vol. in-4, fig., bas.

105. Rudimentorum cosmographicorum Joa. Honteri libri III. Cum cartis elegantissimis. Poema de variarum rerum nomenclaturis per classes. *Tiguri, Froschouer*, 1549, pet. in-8, grav. en bois, vél.

> Le vélin qui sert de couverture au volume est un beau fragment d'un manuscrit du VIIIe siècle (feuillet entier). Le texte commence : *Imperator autem furore repletur, iussit ei dimitti leonem. cuius rugitum nemo poterat tolerare. Diclotianus impr. dicit ei*, etc.

106. Costumes de la Turquie, représentés en soixante gravures, avec des explications en anglois et en françois. *Londres, Miller*, 1802, gr. in-4, pap. vélin, fig. color., maroq. bleu à comp. tr. dor.

> Bel exempl. parfaitement color.

107. Incipit tractatus quidam de Turcis prout ad presens ecclesia sancta ab eis affligitur. *Impressus Nurembergæ, per Conr. Zeninger*, 1481, pet. in-4 goth. de 24 ff. (dont les premier et dernier blancs), cart.

108. Libri philomusi (Locher). Panegyrici ad regem. Tragedia de Thurcis et Suldano. Dyalogus de heresiarchis. *Argentinæ, Gruninger*, 1497. —Aphorismi compunctionis theologicales Hieron. Baldung. *Ibid., id.*, 1497, 2 vol. en un, petit in-4, parch.

> L'un et l'autre ouvrage sont ornés de jolies gravures sur bois. La « *Tragedia de Thurcis* » est une des pièces les plus curieuses, et une des premières tragédies du moyen âge imprimées.

109. Vite de gl'imperatori de Turchi, con le loro effigie intagliate in rame e datte in luce da P. Bertelli. *Vincenza, Bertelli*, 1599, in-fol., frontisp. et 15 portraits, cart.

110. État général de l'Empire Ottoman, depuis sa fondation jusqu'à présent, par un solitaire turc; trad. par de La Croix. Avec une instruction très utile aux voyageurs. *Paris, Hérissant*, 1695, 3 vol. pet. in-8, mar. rouge, fil. tr. dor.

> Aux armes de Maurepas.

111. Histoire des Sarrasins, contenant leurs premières conquêtes et ce qu'ils ont fait de plus remarquable sous les onze premiers Khalifes ou successeurs de Mahomet, par S. Ockley. *Paris*, 1748, 2 vol. in-12, cart. non rogn.

112. Chorograffia et breve historia universale dell'isola de Cipro principiando al tempo di Noè per in fino al 1572, per F. Steffano Lusignano di Cipro. *Bologna*, Benaccio, 1573, in-4, carte, vél.

113. L'histoire de la decadence de l'empire grec et establissement de celuy des Turcs, par Chalcondile, de la traduction de B. de Vigenère. *Paris, l'Angelier*, 1620, 3 part. en vol. in-fol., fig., veau. (Raccommodages.)

La troisième partie contient les différents costumes des Turcs dans un grand nombre de planches en taille-douce.

114. Observations upon a treatise entitled : A description of the plain of Troy by M. le Chevalier. By Jacob Briant. *Eton*, 1795, gr. in-4, cart. non rogn.

115. Description de l'Afrique, contenant les noms, la situation et les confins de toutes ses parties, leurs rivières, leurs villes et leurs habitations ; les mœurs, les coutumes, la langue, les richesses, la religion et le gouvernement de ses peuples, par O. Dapper. *Amsterdam*, 1686, in-fol., grand nombre de cartes et planches, veau.

116. Histoire de la Barbarie et de ses corsaires, par P. Dan. *Paris*, 1649, in-fol., v.

La bonne édition.

117. Delibatio Africanæ historiæ ecclesiasticæ, sive Optati Milenitani libri VII de schismate Donatistarum. Victoris Uticensis libri III de persecutione Vandalica in Africa. *Parisiis, Fremy*, 1569, pet. in-8, vél.

118. Dei viagi e delle scoperte africane di Alvise da Ca da Mosto, patrizio veneto, da Pl. Zurlo. *Venetia, Alvisopoli*, 1815, in-8, br.

119. Documens. Staatspapiere zur Geschichte Kaisers Karls V. (Papiers d'État pour servir à l'histoire de Charles V, publ. par Lanz.) *Stuttgart, Société des Bibliophiles*, 1845, in-8, broch.

Ce volume contient une relation détaillée et beaucoup de documents sur la campagne de Charles V contre Tunis.

120. Jornada de Africa composta por Hieronymo de Mendoça, em a qual se responde à Jeronymo Franqui, et outros, et se trata do successo da batalha, catiueiro, et dos que nelle padecerao serem Mouros, com outras cousas dignas de notar. *Lisboa, P. Crasbeeck*, 1607, pet. in-4, d. rel. veau f.

121. Recherches sur la priorité de la découverte des pays situés sur la côte occidentale de l'Afrique, au-delà du cap Bojador, et sur les progrès de la science géographique, après les navigations des Portugais au XVᵉ siècle, par le vicomte de Santarem. *Paris*, 1842, in-8, d. rel. (Sans l'atlas.)

122. État des royaumes de Barbarie, Tripoly, Tunis et Alger. *La Haye, de Voys*, 1704, in-12, cart. non rogn.

123. Istorica descrittione de' tre regni Congo, Matamba et Angola, situati nell' Etiopia inferiore occidentale e delle missioni apostoliche essercitateui da religiosi capuccini, compilata da G. A. Cavazzi da Montecucculo. *Milano, stampe dell' Agnelli*, 1590, in-4, veau f., fil.

124. Mémoire sur le pais des Caffres et la terre de Nuyts. *Amsterdam, Humbert*, 1718, in-12, cart. non rogn.

125. L'Asia del S. Giovanni di Barros, nella quale oltre le cose appartenenti alla militia, si ha piena cognitione di tutte le città, monti et fiumi delle parti orientali, con la descritione de' paesi et costumi di quei popoli, trad. da Alfonso Ulloa. *Venetia, Valgrisio,* **1562,** in-4, vél.

126. Introduction à l'Écriture Sainte, où l'on traite tout ce qui concerne les Juifs, la terre sainte, Jerusalem, etc., par le P. Lamy. *Lyon, Certe,* **1709,** in-f., fig., cart. non rogn.

127. Istoria dell'antica e moderna Palestina, descritta in tre parti da Vincenzo Berdini. *Venetia, Surian,* **1642,** 3 part. en **1** vol. in-4, veau gr. fil.

128. Terræ sanctæ, quam Palestinam vocant, Syriæ, Arabiæ, Ægypti et Schondiæ doctissima descriptio, authore Jac. Zieglero. Holmiæ calamitosissima clades, ab eodem descripta. Terræ sanctæ altera descriptio, authore Wolffgango Weissenburgio. *Argentorati, Rihelius,* **1536,** pet. in-fol., cartes grav. sur bois, veau.

129. Trattato delle piante ed immagini de sacri edifici di Terra Santa, disegnate in Jerusalemme secondo le regole della prospettiva e vera mesura della lor grandezza. Dal R. P. F. Bernardino Amico da Gallipoli. *Firenze,* **1620,** pet. in-fol., fig. de Callot., vél. (Aux armes des Fugger.)

130. Rudimentum noviciorum. Epithoma partes in sex juxta mundi sex ætates divisum. *Anno 1475, die 5 augusti, in urbe Lubicina (per Lucam Brandis).* 2 tom. un vol. gr. in-fol., rel. en bois.

> Première production des presses de Lubeck, *qui contient beaucoup de belles et curieuses gravures en bois.* Les deux plus remarquables sont une grande mappemonde ronde et une carte de la Palestine.
> Le volume contient également la plus ancienne relation de Brocard sur la Terre-Sainte. Les deux derniers feuillets manquent.

131. Reyszbuch desz heyligen Landes. C'est-à-dire : Collection des relations de voyages les plus remarquables faits dans la Terre-Sainte de 1095-1573. *Frankfurt, Sig. Feyrabend,* **1584,** in-fol., fig., peau de tr.

> Collection de dix-huit relations, devenue fort rare.

132. Oy apres cômence le livre Jehan de Mandeuille, chlr Le quel est fait et comprse de pluss. choses et merueilles que le dit chlr a veues par les pties du monde, ou il a esté. Et lesql est nombre de choses côtenues es chapitres qui sensuivent. In-4, rel. en velours.

> Très beau *manuscrit* sur VÉLIN du commencement du XVᵉ (peut-être de la fin du XIVᵉ) siècle, orné d'un grand nombre d'initiales en or et couleurs. Les feuillets qui contiennent les chapitres 1 à 7 sont d'une écriture un peu différente. Le volume finit *chapitre cent,* recto du feuillet.
> Explicit Mandeville.

133. Fr. Felicis Fabri Evagatorium in Terræ Sanctæ, Arabiæ et Ægypti peregrinationem. Edidit C. D. Hassler. *Stuttgart, Société des Bibliophiles,* **1843-1849,** 3 vol. in-8, br.

> Tiré seulement pour les membres de la Société. Le voyage a été fait en 1483 et 1484.

134. Eigentliche Beschreibung der hin-und wider — Farth zu dem Heyligen Landt gen Jerusalem, und furter durch die grosse Wusteney zu dem Heiligen Berge Horeb Sinay, durch Bruder Felix, Cappellan. *S. l.,* **1556,** pet. in-4, rel. en bois, ferm.

> Voyage fait par les Sgrs de Zimber, de Stœffel, Truchsess de Waldbourg et Ber de Rechberg, pour être véritables chevaliers de la Terre-Sainte.
> C'est la suite de l'ouvrage précédent. La relation est fort bien écrite.

135. Ludovici Patritii Romani novum itinerarium Æthiopiæ, Ægipti, utriusque Arabiæ, Persidis, Siriæ ac Indiæ, intra et extra Gangem (auct.

Lud. Varthema). Operi suprema manus imposita est auspiciis celebrat.
B. Carvajal. *S. l.* (*Mediolani,* 1511), pet. in-fol., d. rel. maroq. vert.

136. Itinerario de Ludovico de Varthema Bolognese nello Egypto,
nella Arabia deserta et felice, nella Persia, nella India e nella Ethiopia.
Roma, per Stephano Guillereti de Loreno, 1517, pet. in-8, goth., vél.
(Bel exempl. ayant le tit. réimpr. en *fac-simile.*)

> Edition fort rare, 15 l. st. 15 sh. vente Roxburghe ; et le même exempl. 18 l.
> 7 sh. 6 d. White-Knights.

137. Die Ritterlich und lobwirdig raisz de gestrengen und uber all an-
der weyt erfarnem Ritters un Landtfarers, herren Ludovico Vartomans
von Bolonia. *Augspurg,* 1518, pet. in-4, goth., cart.

> Edition fort rare composée de 96 feuillets non chiffr. (sign. A—Z 3), dont le der-
> nier est blanc. Elle est ornée de 45 belles gravures en bois.

138. Itinerario de Ludovico Varthema Bolognese nello Egitto, nella So-
ria, nella Arabia, etc. *Venetia, Math. Pagan,* s. d. (1535), pet. in-8,
d. rel., cuir de R.

> Les ff. 89 et suiv. contiennent : *Itinerario de Lisola de Juchatan ritrouata per*
> *il signor Gioan de Grisalue capitane generale de l'armata del re de Spagna, et per il*
> *suo capellano composta.*

139. Reisz zum heiligen Grab. Merfart so Daniel Ecklin gethan hat, von
Arow gehn Hierusalem zum heiligen Grab : was er in der zeyt gesehen
und erlitten : Sampt einer Kurtzen Beschreibung des gelobten Landts,
und der Statt Hierusalem. *Basel, Samuel Apiarius,* 1575, in-4, d. rel.
vél.

> Edition originale , très rare.

140. Jodoci à Meggen, patricii Lucerini, peregrinatio Hierosolymi-
tana. *Dilingæ, Joannes Mayer,* 1580, pet. in-8, vél.

> Volume composé de 8 pages prél. et de 237 pages pour le texte.
> La relation du voyage , fait en 1542, est originale et fort intéressante.

141. Leonharti Rauwolfen Aigentliche beschreibung der Raisz , so
er vor diser zeit gegen Auffgang inn die Morgenlænder furnemlich Sy-
riam, Judæam, Arabiam, Mesopotamiam, Babyloniam, Assyriam, Arme-
niam, etc., volbracht. *Lauingen, Reinmichel,* 1583, in-4, vél.

> La quatrième partie , contenant les gravures sur bois, se trouve dans notre bel
> exemplaire.

142. Il devotissimo viaggio di Gierusalemme, fatto e descritto in
sei libri da Giov. Zuallardo. *Roma, Basa,* 1595, in-8, fig. en taille-douce,
vél.

143. Viaggio da Venetia al Santo Sepolcro et al monte Sinai, con il dis-
segno delle città, castelli, ville, chiese, monasterii, etc., che sin trouano.
Venetia, Zanetti, 1598, pet. in-8, fig. sur bois, cart., non rogn.

144. Hierosolymitanæ peregrinationis hodeporicum , septem dialo-
gorum libris explicatum, in quo de ratione itineris in Palestinam, de locis
sanctis, vicinisque provinciis.... accurate disseritur, F. J. Dubliulio authore. *Coloniæ, Grevenbruch,* 1600, pet. in-8, d. rel., vél., non rogn.

145. Relation journalière du voyage du Levant fait et descrit par Henry
de Beauvau. *Nancy, Jacob Garnich,* 1615, in-4, fig. en taille-douce,
veau.

> M. Brunet cite ce livre rare sous la date de 1619.

146. Chr. Fureri ab Haimendorf itinerarium Ægypti, Arabiæ, Pales-
tinæ, Syriæ, aliarumque regionum orientalium. *Norimbergæ, Wagen-*
mann, 1621, fig. en taille-douce. — Itinerarium Germaniæ, Galliæ,

Angliæ, Italiæ, scriptum a Paulo Hentznero. *Norimbergœ, Wagenmann,* **1612,** 2 vol. en un , in-4, vél.

147. Les voyages et observations du sieur de La Boullaye-le-Gouz, gentilhomme angevin. *Paris, Clouzier,* **1653,** in-4, fig. sur bois, vél.

Edition originale , avec le beau portrait de l'auteur grav. à l'eau-forte.

148. El devoto peregrino y viage de la terra santa , compuesto por F. Ant. del Castillo. *Barcelona, Ant. Arroque* (**1655**), pet. in-8, vél.

149. Relation d'un voyage du Levant, fait par ordre du roy,... par M. Pitton de Tournefort. *Paris, imprimerie royale,* **1717,** 2 vol. in-4, fig., veau.

Exemplaire sur papier fin. Brunet , IV, 498.

150. Voyage dans la Palestine, vers le grand Emir, chef des princes arabes du desert, connus sous le nom de Bédouins ou d'Arabes scenites.., fait par ordre de Louis XIV par M. de La Roque. *Amsterdam,* **1718,** in-12, fig., cart., non rogn.

151. —— du sieur Paul Lucas, fait en **1714,** etc., par ordre de Louis XIV, dans la Turquie, l'Asie, Sourie, Palestine, Haute et Basse Egypte, etc. *Amsterdam,* **1744,** 3 vol. in-12, fig., bas.

152. Itinerarium Benjamini Tudelensis, ex hebraico latinum factum B. Aria Montano interprete. *Antverpiœ, Plantin,* **1575.** — Itinerarium provinciarum Antonini Augusti; Vibius Sequester, de fluminibus; P. Victor, de regionibus urbis Romæ; Dionysius Afer, de situ orbis. *Lugduni, Vincentius,* s. d. — Itinera Constantinopolitanum et Amasinum ab A. Gisl. Busbequio confecta. *Antverpiœ, Plantin,* **1582,** 3 vol. en un petit in-8, veau.

153. Voyages de Rabbi Benjamin, fils de Jona de Tudele, en Europe, en Asie et en Afrique , depuis l'Espagne jusqu'à la Chine, trad. de l'hébreu par J. P. Baratier. *Amsterdam,* **1734,** 2 vol. in-12, portr., vél. blanc.

154. Les observations de plusieurs singularitez et choses memorables, trouvees en Grece, Asie, Judée, Egypte , Arabie et autres pays estranges, rédigées par Pierre Belon du Mans. *Paris, H. de Marnef,* **1588,** in-4, fig. sur bois, vél.

Bel exemplaire , avec la grande planche pliée.

155. Viaggi fatti da Venetia, alla Tana, in Persia, in India, et in Constantinopoli : con la descrittione particolare, luoghi , siti , costumi, ed della porta del gran Turco. *In Vinegia, nelle case de' figliuoli di Aldo,* **1545,** pet. in-8, cart.

156. Viaggio di M. Cesare de i Federici , nell India orientale et oltra l'India. *Venetia, Muschio,* **1587,** pet. in-8, parch.

Extrêmement rare. 2 l. st. 19 sh. Hanrott; 2 l. st. 2 sh. Butler. Voir le Manuel de Brunet, vol. II, page 256.

157. Le navigationi et viaggi nella Turchia, di Nicolo de Nicolai..., nuovamente tradotto di francese in volgare da Fr. Flori da Lilla. *In Anversa, Silvio,* **1577,** in-4, vél.

Avec 60 gravures sur bois, représ. des costumes, copiées, à ce que l'on dit, sur les dessins du Titien.

158. Relaciones de Don Juan de Persia, donde se tratan las cosas notables de Persia, la genealogia de sus reyes, guerras de Persianos, Turcos y Tartaros, y las que vido en el viaje que hizo à Espana : y su conversion y la de otros dos cavalleros Persianos. *Valladolid, J. de Bostillo,* **1604,** pet. in-4, veau gran., fil.

159. Relaciones de Pedro Teixeira del origen, descendencia y succession de los reyes de Persia, y de Harmuz, y de un viage hecho por el mismo autor dende la India oriental hasta Italia por tierra. *Amberes, Verdussen*, 1610, in-8 vél. (Bel exemplaire.)

160. Viaggio di cinque anni in Asia, Africa ed Europa, di D. G. Battisto de Burgo, vicario apostolico della diocesi de Killaly (en Irlande). Parte seconda. *Milano, Agnelli*, 1686, in-12, parch.

161. Sieben-jæhrige und gefæhrliche Neu-verbesserte Europa-Asiat- und Africanische Welt-Beschreibung des G. C. von Neitzschitz, herausg. von C. Jæger. *Nurnberg*, 1686, in-4, fig., vél.

Voyage en Syrie, Terre-Sainte, Egypte, etc.

162. Voyage, ou Relation de l'état présent du royaume de Perse, par M. Sanson. *Amsterdam*, 1695, in-12, fig., veau.

163. Historia dell' Indie orientali, scoperte et conquistate da' Portoghesi, di commissione dell' inuittissimo re Don Manuelle, distinta in libri VII, composti da F. Lopes di Castagneda, et trad. da Alf. Ulloa. *Venetia, Ziletti*, 1577, 2 vol. in-4, rel.

L'ouvrage traite également des découvertes des Portugais en Amérique. Il est d'une grande rareté.

164. Diversi avisi particulare dall' Indie di Portogallo ricevuti dall' anno 1551 fino al 1558 dalli reverendi Padri della compagnia di Giesu. *Venetia* (1558), in-8, vél.

8 ff. prél., 286 feuillets, plus 2 feuillets blancs à la fin.
Le volume contient aussi des lettres du Brésil, de Pernambuco, de San Salvador, etc.

165. Le même ouvrage. *Venetia, Mich. Tramezzino*, 1565, pet. in-8, vél.

166. Viaggi orientali del P. Filippo della SS. Trinita. *Venetia, Brigonci*, 1670, in-12, 730 pages sans les prél., bas. rac.

167. Il viaggio all' Indie orientali del padre F. Vincenzo Maria di S. Caterina da Siena. *Venetia, Tiuani*, 1683, in-4, d. rel.

168. Letters from the east, by John Carne. *London*, 1826, in-8, fig., veau porph. — Recollections of travels in the east, forming a continuation of the letters from the east, by John Carne. *London*, 1830, in-8, d. rel.

169. Histoire générale de l'empire du Mogol depuis sa fondation, par F. Catrou. *La Haye, de Voys*, 1708, in-12, carte, cart., non rogné.

170. Relation des Mongols ou Tartares, par le frère Jean du Plan de Carpin. Première édition complète, précédée d'une notice sur les anciens voyages en Tartarie en général, et sur celui de Jean du Plan de Carpin en particulier, par M. d'Avezac. *Paris* 1838, in-4, carte, d. rel., veau f.

Tiré à très petit nombre. Rare.

171. Relatio eorum quæ spectant ad declarationem Sinarum imperatoris, Kam Hi circa cœli, Confucy et avorum cultum, datam anno 1700. Accedunt primatum, doctissim. viror. et antiquissimæ traditionis testimonia. Opera P. P. Societ. Jesu Pekini pro Evangelii propagatione laborantium. *Pekini*, 1701, pet. in-4, vél. à comp.

Volume de 62 feuillets, entièrement gravé en bois et imprimé sur papier de Chine, texte latin, avec quelques pages en chinois et mantchou.

172. Apologie des Dominicains missionnaires de la Chine. *Cologne, C. d'Egmond*, 1700, 2 part. en 1 vol. in-12, d. rel.

173. Poscritta... sopra l'apologia de P. P. Gesuiti, fatta contra l'apologista de Dominicani, a favore della Compagnia, delle ceremonie di China. *Colonia*, 1700, in-8, vél.

174. Istoria delle cose operate nella China de M. G. A. Mezzabarba, scritta del padre Viani. *Parigi, Briasson*, s. d., in-8, cart.

175. Relation de la nouvelle mission des pères de la Compagnie de Jésus au royaume de la Cochinchine, trad. de l'italien de Ch. Borri, par Ant. de la Croix. *Lille, P. de la Rache*, 1631, pet. in-8, bas.

> Volume rare ; la marque de l'imprimeur se trouve sur le titre.

176. Relation de ce qui s'est passé depuis quelques années jusques à l'an 1644 au Japon, à la Cochinchine, au Malabar, en l'isle de Ceylan, et en plusieurs autres isles et royaume de l'Orient compris sous le nom des provinces du Japon et du Malabar, de la Compagnie de Jesus. *Paris, Henault*, 1646, 2 part. en 1 vol., pet. in-8, parch.

177. La Glorieuse mort d'André, catéchiste de la Cochinchine, qui a le premier versé son sang pour la querelle de Jésus-Christ en cette nouvelle église, par Alex. de Rhodes. *Paris, Cramoisy*, 1653, in-8, vél.

> Exemplaire avec la grande planche pliée, représentant le supplice d'André.

178. Relation des missions des évêques françois aux royaumes de Siam, de la Cochinchine, de Camboye et du Tonkin, etc. *Paris*, 1674, in-8, veau.

179. Relatione delle missioni de' vescovi vicarii apostolici alli regni di Siam, Cocincina, Camboia, et Tunkino. *Roma*, 1677, in-8, vél.

180. Conquista de las islas Malucas, escrita por Bart. Leonardo de Argensola. *Madrid*, 1609, in-fol.; parch.

> Rare.

181. Victima real legal, discurso unico sobre que las vacantes mayores y minores de las Iglesias de las Indias occidentales, pertenecen à la corona de Castilla y Leon. *En Madrid, por Andreas Ortega, à costa de Bart. Ulloa*, 1769, in-fol., parch. (Tache jaune dans la marge.)

> Curieux traité historique.

182. Cl. Ptolemæi Cosmographia latine reddita a Jac. Angelo, curam mapparum gerente Nicolao Donis Germano. Impressum *Ulmæ per Leonardum Hol.*, 1482, gr. in-fol., 69 ff. à 2 col. (non compris les cartes gravées en bois), rel. en bois.

> Édition rare, renfermant 32 cartes gravées par Schnitzer de Armszheim (la première est signée) qui ont été soigneusement coloriées à l'époque de notre exemplaire. La grande initiale du f. A 1 est peinte *en miniature*.
>
> Le volume contient *de plus* les 29 ff. prél. (plus un f. blanc) dont parle M. Brunet, ainsi que les 17 ff. à la fin.
>
> Bel exemplaire, malgré quelques piqûres.

183. Itinerarium, das ist : Historiche Beschreibung weiland Georgen von Ehingen raisenn nach der Ritterschaft, vor 150 Jaren, in X unterschidliche Kœnigreiche verbracht. Auch eines Kampfes von jme bei der Statt Sept in Aphrica gehalten. *Augspurg*, 1600, in-fol, fig., mar. vert, tr. dor.

> Ce voyage d'un chevalier errant de grande maison, fait de 1455-57, est si rare que l'on en connaît à peine quelques exemplaires. Il contient *dix* portraits, *gravés par D. Custodis* : Ladislas, de Hongrie. — Charles, de France, — Henri, de Castille. — Henry, d'Angleterre. — Alfons, de Portugal. — Philippe, de Chypres. — René, de Sicile. — Jean, de Navarre. — Jacques, d'Écosse. — L'empereur Frédéric. — Portraits authentiques d'après les miniatures du manuscrit original, aujourd'hui à Munich.
>
> Très bel exempl. rel. par Niedrée.

V. Livres sur l'Italie, la Russie, la Pologne, etc.

184. Voyage pittoresque, ou Description du royaume de Naples et de Sicile, par J. C. Richard, abbé de St. Non. *Paris*, 1781-86, 5 vol. gr. in-fol., fig., mar. r. fil. tr. dor. (Anc. rel.)

    Bel exemplaire d'un ouvrage qui présente un grand intérêt pour l'époque actuelle, orné d'un nombre considérable de planches.

185. Monte Baldo descritto da Giov. Pona, et due commenti di Nic. Marogna sopra l'amomo de gli antichi. *Venetia, Meietti*, 1617, 2 part. en 1 vol. in-4, fig. sur bois, vél.

186. Rutgeri Hermannidæ Britannia Magna, sive Angliæ, Scotiæ, Hiberniæ, et adjacentium insularum geographico-historica descriptio. *Amstelodami, A. Jansonius*, 1661, pet. in-12, grand nombre de fig. grav. sur cuivre, vél.

187. The second book of the travels of the Nicander Nucius of Corcyra, edited from the original greek ms., with an english translation, by J. A. Cramer. *London, Camden Society*, 1841, pet. in-4, cart. en percal., non rogn.

188. Martini Gerberti iter alemannicum, accedit italicum et gallicum. *Typis San-Blasianis*, 1773, pet. in-8, fig., veau. (Aux armes des princes de Wallerstein.)

    Voyage littéraire et archéologique.

189. Ουρεβιφοιτης helveticus, sive Itinera per Helvetiæ alpinas regiones facta, plurimis tabulis æneis illustrata a J. J. Scheuchzero. *Lugduni Bat., van der Aa*, 1723, 4 vol. in-4, fig. maroq. r. fil., doubl. de tabis, tr. dor.

    Exemplaire de Huzard, sur grand papier.

190. Historia del rebelion y castigo de los Moriscos del reyno de Granada. Dirigida a Don Juan de Cardenas.... Hecha por Luys del Marmol Caruajal. *Impressa en la ciudad de Malaga, por Juan Rene a costa del auctor*, 1600, in-fol. à 2 col., vél.

    Bel exempl., ayant du reste un défaut insignifiant aux marges des ff. 245 et 246.

191. Historia de gentibus septentrionalibus, earumque diversis statibus, conditionibus, moribus, ritibus, etc., autore Olao Magno. *Romæ*, 1555, in-fol., veau.

    La meilleure édition. Les nombreuses figures sur bois dont le volume est orné sont fort bien gravées.
    Le dos porte les armes de Richelieu.

192. Historia de gentibus septentrionalibus, authore Olao Magno, a C. Scribonio Grapheo in epitomen redacta. *Antverpiæ, Bellerus*, 1562, pet. in-8, fig. sur bois, parch.

193. Historia Olai Magni, archiepiscopi Upsaliensis, de gentibus septentrionalium variis conditionibus statibusve, et de morum, rituum, superstitionum, etc., mirabili diversitate. *Basileæ, Perna*, 1567, in-fol., fig. en bois, vél. (Aux armes de Tib. Himmelreich.)

194. Olai Magni gentium septentrionalium historiæ breviarium. *Amstelodami, Ravesteyn*, 1669, pet. in-12, frontisp., vél.

195. Historia Joannis Magni, archiepiscopi Upsalensis, de omnibus Gothorum Senonumque regibus qui unquam ab initio nationis extitere eorumque memorabilibus bellis. *Romæ*, 1554, in-fol., fig. sur bois, vél.

196. Methodius sub Diocletiano Imp. in Calcidæ civitale (quæ Nigro-pontus'appellatur, ut divus scripsit Hieronymus) multa edidit documenta, etc. Revelationes : *Basileæ, M. Furter, opera Seb. Brant, 1498, in-4* goth., fig. sur bois, rel. en bois.

> Volume rare et curieux, et orné de jolies gravures sur bois. Dans ses révélations, S. Methodius prédit la domination des « fils d'Ismaël, » et plus tard leur asservisse-ment par un roi des Grecs ou des Romains.
> Notre bel exemplaire est relié avec plusieurs autres pièces, imprimées à la même époque ou antérieurement.

197. Henrici, Poloniæ regis nuper electi, triumphus quo Lutetiæ ex-ceptus est. Aliud præterea de stella quæ in occidente apparuit, quo tem-pore comitia Poloniæ habebantur, carmen, authore Rob. de Chanollet. *Parisiis, Dionysius de Prato, 1573, in-4 de 8 ff., non rel.*

> Extrêmement rare.

198. Memorabilis et perinde stupenda de crudeli Moscovitarum expe-ditione narratio. *Duaci, Boscardus, 1563, pet. in-8 de 4 ff., br.*

> Reproduction exacte de l'original, par le procédé de M. Pilinski.

199. De fœlici regni Poloni successu congratulatio (poetica), authore Steph. Thevenoto. *Parisiis, D. a Prato, 1573, in-4 de 4 ff., non rel.*

> Plaquette rarissime.

200. Hodœporicorum sive itinerum totius fere orbis lib. VII. Opus historicum, ethicum, physicum, geographicum, a N. Reusnero collectum. *Basileæ, ad Perneam Lecythum, 1550, pet. in-8, vél.*

> Très bel exemplaire de cette collection de voyages écrite en vers. On y trouve les relations suivantes : A. Schoteri salinarium sarmaticum ; D. Sigismundi iter sar-maticum ; M. Balthici iter gallicum, etc.

201. La Moscovia d'Antonio Possevino, tradotta di latino in volgare da Gio. Batt. Possevino. *Ferrara, 1598, pet. in-8, parch.*

> Très rare. 6 ff. prél., 295 ff. pour le texte, plus un feuillet pour la souscription.
> Exemplaire précieux, qui contient les cartons pour les feuillets 46 et 47 ; ces feuillets se trouvent en conséquence doubles.

202. Jacobi (Ulefeld), nobilis Dani, hodœporicon ruthenicum, in quo de Moscovitarum regione, moribus, religione.... eleganter exequitur. *Francofurti, Becker, 1608, petit in-4, 5 pl., d. rel.*

> Première édition de ce voyage très rare. Les gravures sont de Th. de Bry.

203. Simonis Starovolsci panegyricus Vladislao Sigismundo, om-nium votis acclamato Polonorum regi, consecratus. *Antverpiæ, ex offici-na Plantiniana B. Moreti, 1633, in-fol., cart.*

204. De rebus Societatis Jesu in regno Poloniæ. Ad seren. Sigismun-dum III, Poloniæ regem. Auct. Joanne Argento, ejusdem Soc. in Provin-cia Poloniæ præposito provinciali. Ed. III, aucta recenti ejusdem Socie-tatis e regno Boemiæ, Moraviæ, Silesiæ, et Ungariæ proscriptione. — Actio pro restituenda Societate Jesu in Transylvania habita. *Cracoviæ, 1620, 2 vol. en un, in-8, rel. en bois.*

> Édition la plus complète, fort rare.

205. Historien und Bericht von dem Grossfürstenthumb Muschkow, mit dero schönen fruchtharen Provincien und Herrschafften, Festungen, Schlössern, Städten, Flecken, Fischreichen Wassern, etc. Wie auch von der Reussischen Grossfürsten Herkommen, Regierung, Macht, Emi-nentz und Herrligkeit, vielfeltigen Kriegen, innerlichen Zwytrachten..., durch P. Petrejum de Erlesunda. *Lipsiæ, 1620, in-4, frontisp., vél.*

206. Petri Potocii ad invictissimum potentissimumque principem Vladislaum Sigismundum, Poloniæ et Sueciæ regem. oratio gratulatoria. *Antverpiæ, ex officina Plantiniana Balth. Moreti*, 1633, in-fol., cart.

> Extrêmement rare.

207. Relatione della Colchide hoggi detta Mengrellia, nella quale si tratta dell' origine, costumi e cose naturali di quei paesi, del P. D. Archangelo Lamberti. *Napoli, Cauallo*, 1654, in-4, frontisp. gr. et carte, vél.

208. Polonia suspirans.., das ist : Von Staats-Sachen, Zustand, Kœniglicher Succession, Abdication, Nachbarschafft, Verein-und Trennung der beyden Konigreichen Pohlen und Schweden. *Franckfurt*, 1656, in-4, vél.

209. L'Egeo redivivo o'sia chorographia dell' Arcipelago, Grecia, Morea, di Candia e Cipri, da F. Piacenza. *Modona, Soliani*, 1688, in-4, cartes et plans, parch.

210. Hochverdiente Ehren-Seule christlicher Tapfferkeit (ou description des guerres contre les Turcs en Hongrie, Pologne, Morée, Dalmatie, Moldavie, Transylvanie, etc., par Happel.) *Hamburg*, 1688, in-4, fig., vélin.

211. Die Avantures von Deutsch-François mit all sein scriptures. *Nurnberg, Lochner*, (1736), in-4, fig., veau.

> Poésies en argot. Les pages 511 et suivantes contiennent la relation d'un voyage en Russie.

212. Costumes de l'empire de Russie, représentés dans une série de soixante et treize planches, accompagnées de descriptions en français et en anglais. *Londres, Miller*, 1805, gr. in-4, pap. vél., fig. color., mároq. bl. à comp. tr. dor.

> Ouvrage remarquable par sa belle exécution.

213. La vieille Pologne, album historique et poétique composé de chants et de légendes. Orné de 36 dessins, avec une hist. de la Pologne. *Paris*, 1836, gr. in-4, fig. s. Chine, d. rel.

214. Voyage en Moscovie d'un ambassadeur, conseiller de la chambre impériale (le baron de Mayerberg), envoyé par l'empereur Leopold au czar Alexis Michalowics, grand-duc de Moscovie. *Leide, Harring*, 1688, pet. in-8, br.

> Exemplaire ni rogné ni coupé.

215. Relation du voyage de M. Evert Isbrand, envoyé de sa majesté Czarienne à l'empereur de la Chine, par A. Brand, avec une lettre sur l'état présent de la Moscovie. *Amsterdam*, 1699. — La religion ancienne et moderne des Moscovites. *Amsterdam*, 1698, 2 vol. en un, fig. de B. Picart, veau.

216. Der ietzige Staat von Russland oder Moscou unter ietziger czarischer Majestæt.., von Joh. Perry. *Leipzig*, 1717, 2 part. en 1 vol. pet. in-8, frontisp. et carte, vél.

217. Etat présent de la grande Russie ou Moscovie, contenant l'histoire abrégée de la Moscovie, un abrégé chronologique des czars qui y ont régné jusqu'à présent, etc., par J. Perry. *Paris, Musier*, 1718, pet. in-8, cart. non rogn.

218. Antidote. *S. l.*, 1770, in-8, d. rel.

> Critique du voyage de l'abbé Chappe d'Auteroche en Sibérie, attribuée à la princesse d'Aschkof.

219. Histoire de la Tauride, par Stanislas Sestrencewicz de Bohusz. *Brunswick*, 1800, 2 vol. in-8, d.-rel. (La carte manque.)

Avec beaucoup de notes autographes de La Lande.

220. Des progrès de la puissance russe depuis son origine jusqu'au commencement du XIXe siècle, par M. L***. *Paris, Fantin*, 1812, pap. vél. in-8, d. rel. non rogn.

221. Histoire des Kosaques. *Paris*, 1813. viii et 632 pages, gr. in-8, d. rel.

Très rare. Le titre porte le mot imprimé « épreuve, » mais le volume est d'une exécution typographique parfaite.

222. Voyage historique et politique au Monténégro, contenant l'origine des Monténégrins, peuple autochthone ou aborigène, et très peu connu ; la description du pays, les mœurs de cette nation, etc., par Vialla de Sommières. *Paris, Eymery*, 1820, 2 vol. in-8, fig. color., d. rel.

VI. Livres a figures, Architecture.

223. Le vite de' più eccellenti pittori, scultori et architetti, di Giorgio Vasari. *Bologna*, 1647, 3 vol. in-4, portraits, vél.

Troisième édition de cet excellent ouvrage, et la seconde avec les portraits.

224. Le maraviglie dell' arte, overo le vite de gl' illustri pittori veneti, e dello stato ove sono raccolte le opere insigni, i costumi et i ritratti loro, descritte da Carlo Ridolfi. *Venetia, Sgaua*, 1648, 2 vol. in-4, portraits, vél.

Ouvrage que l'on rencontre difficilement orné de beaux portraits.

225. Abrégé de la vie des plus fameux peintres, avec leurs portraits gravés en taille-douce, les indications de leurs principaux ouvrages, quelques réflexions sur leurs caractères, et la manière de connaître les dessins des grands maîtres, par M*** (d'Argenville). *Paris, De Bure*, 1745, 3 vol. in-4, portraits, veau.

226. La vie des peintres flamands, allemands et hollandais, avec les portraits gravés en taille-douce, une indication de leurs principaux ouvrages, et des réflexions sur leurs différentes manières. *Paris*, 1753-1764. — Voyage pittoresque de la Flandre et du Brabant. *Paris*, 1769, 5 vol. rel. en 4, d. rel. mar. rouge, tête dor. non rogn.

Bel exempl. Ancien tirage.

227. La vie des peintres flamands et hollandais (texte en hollandais par Campo Weyermann). *La Haye*, 1729-1769, 4 vol. pet. in-4, vél.

Grand nombre de portraits d'artistes par Houbraken et autres. Le quatrième volume, qui est rare, contient des vignettes copiées d'après de célèbres tableaux.

227 bis. Le nouveau théâtre des peintres hollandais et flamands (texte en hollandais), par J. van Gool. *La Haye*, 1751, 2 vol. in-8, broch.

Grand nombre de beaux portraits par Houbraken et Tanjé.

228. L'entrée de très-grand, très-chrestien, très-magnanime et victorieux prince Henri IIII..., en sa bonne ville de Lyon, le IIII septembre de l'an M.D.XCV. *Lyon, Pierre Michel* (1595), gr. in 4, vél.

Avec une grande planche représentant l'entrée, et un beau portrait de Henri IV. Exemplaire rempli de témoins.

229. Livre de dessin d'Abraham Blœmaart, gravé par son fils. F. Blœmaart, et publié par Bernard Picart. *Amsterdam, Ottens*, 1740, gr. in-fol. d. rel.

> Ce livre contient 173 belles planches, dont plusieurs sont gravées à l'aquatinta, ainsi que le beau portrait de Bloemaart.

230. Biblia sacra (latine). *Antverpiæ, ex officina Chr. Plantini*, 1583. 3 vol. in-fol. maroq. rouge, à comp. tr. dor. (Belle reliure ancienne un peu restaurée.)

> Bible de toute beauté, qui contient de *grandes planches gravées sur cuivre par Crispin de Pas et autres*, imprimées dans le texte.
>
> C'est la plus belle Bible à figures qui existe. Une des grandes cartes donne la distribution des tribus juives dans l'ancien monde et dans l'*Amérique*, et, chose remarquable, l'Australie se trouve indiquée sur cette mappemonde.
>
> Le feuillet H. 5 du premier volume a été réimprimé.

231. Icones biblicæ, præcipuas sacræ scripturæ historias eleganter et graphice repræsentantes, per Math. Meriam (avec texte en vers latins, allemands et français). *Strasbourg et Francfort*, 1626-27, 4 part. en 1 vol. in-4 obl., vél.

> Exemplaire complet avec belles épreuves. Ces gravures (en taille-douce) de Merian sont d'une fort belle exécution, et l'ancien tirage est très rare.

232. Icones biblicæ. Veteris et Novi Testamenti. Proprio ære æri incisæ, et venales expositæ a Melchiore Kysel, Augustano. *Norimbergæ, S. a. (La préface datée du 1er janvier 1680.)* 5 part. en 1 vol. in-4, mar. rouge, tr. dor.

> Suite de gravures en taille-douce d'une fort belle exécution, dont on trouve rarement des exemplaires complets et bien conservés comme celui-ci. Le volume se compose de deux ff. prél. (front. et titre), de quatre ff. de texte en car. mobiles; Ire part. 51 pl. — IIe part., titre et 51 pl. — IIIe part., titre, fleuron, grav. et 50 pl. — *Nouveau Testament :* Ire part., front. grav., titre et 47 pl. — IIe part., titre, 42 pl. et 1 fleuron. L'exempl., vendu 200 fr. chez la Vallière, était mal décrit.

233. The great exemplar of sanctity and holy life, according to the Christian institution; described in the history of the life and death of the ever-blessed Jesus-Christ, by Jer. Taylor, chaplain of Charles I. *London, printed by J. Flesher, for Ridard Royston*, 1667, 3 part. en 1 vol. in-fol. v. ant.

> Orné d'un grand nombre de figures, gravées en taille-douce, par Faithorne et autres.

234. Flores seraphici, sive Icones in quibus continentur vitæ et gesta illustr. ord. fratrum minor. S. Francisci capucinorum qui ab anno 1525 usque ad annum 1612 in eodem ordine miraculis ac vitæ sanctimonia floruerunt, auctore Carolo de Aremberg. *Coloniæ Agripp.*, 1640-42, 2 vol. in-fol., fig. vél.

> Ces deux volumes, que l'on trouve rarement réunis, contiennent un grand nombre de belles gravures.

235. Speculum humanæ salvationis latino germanicum, cum speculo sanctæ Mariæ, editum a fratre Joanne. 270 ff., dont le premier blanc, 33 à 35 lig. par page. Sans chiffr., récl. ni signat., fig. en bois, in-fol., goth. d. rel. vél.

> Volume aussi précieux que rare, imprimé à *Augsbourg* avant 1470, orné de 192 gravures en bois, color. — *Heineken* en donne deux facsimilés, et en parle longuement (pag. 466 et suiv.).
>
> L'exemplaire, quoique piqué, est beau et en *grand papier fort*; nous avons eu l'occasion de le comparer avec un exempl. que M. T. O. Weigel, à Leipzig, possède. On lit sur le premier feuillet de notre exempl. : *Das gegenburtich puech ist yn Augspurg in sand ulreichen Closter, durch ainen gelerten un saligen Brueder sand Benedicten gemacht und gedruckht worden... 1473, etc.*

236. Speculum humanæ salvationis. Hie vahet an ein spiegel men ‖ schlicher behalstnusz in dem ge ‖ offnet wirt d. val des mēschen ‖ un di masz des widpringēs. *S. l. n. d., sans chiff., récl. ni signat.* In-fol. goth. vél.

> Edition du premier temps de l'imprimerie, extrêmement précieuse et non citée.
> Elle est ornée d'un grand nombre de gravures au simple trait, belles et curieuses.
> Exempl. presque non rogné.

237. Hie vahet an eyn gar loblich und heylsam allen christgelaubigen cronica. Sagend von einē heyligen künig mit namen Josaphat, wie d' ward bekeret von eynem heyligen vatter und ainsideln genant Baarlaam. — Eyn ende hat das buch der Christenlichen lere die hystori Josaphat und Baarlaam genannt. *S. l. n. d.*, pet. in-fol., goth. vél. (Très bel exemplaire.)

> Fort beau livre imprimé à Augsbourg vers 1470, surtout remarquable à cause des nombreuses gravures dont il est orné.
> Le volume, extrêmement rare, se compose de 96 feuillets à 35 lignes par page. La première est imprimée en rouge.
> Voir Panzer, deusche Annalen, I, page 23, et Heinecken : Neue Nachrichten, vol. I, pages 250 et suiv.

238. Der Teutsch Belial. Hye endet sich das buch Belial genant von des gerichtz ordnung. ein hochberümt und lobsam werk. *Das hatt gedrukt Hanns schönsperger in der keyserlichen stat Augspurg und vollendt am dornstag vor Galli. Nach cristi gepurt,* M.CCCC und LXXXVII jar, in-fol. goth., de **82 ff.**, fig. sur bois, cart.

> Cette édition n'est pas citée par Panzer, ni par Zapf dans ses « Annales typographiæ Augustanæ ». Elle contient 38 curieuses gravures sur bois, dont celle qui se trouve au verso du titre est de la grandeur des pages.

239. Der text des Passions (sic), publ. par Ringmann. *Straszburg, Joh. Knoblouch,* 1506, in-fol., goth. rel. en bois, rec. de maroq. br. gaufr. (Rel. orig.)

> Bel exempl. de la *célèbre Passion d'Urs Graf,* gravée en bois ; 26 planches de la grandeur des pages (superbes épreuves). Ce petit volume précieux se trouve relié ensemble avec les sermons de Johan von Kaiserspergk. On attribue en général ces belles figures à Ulrich Gemberlein ; mais nous croyons qu'Urs Graf en est le graveur.

240. Marci Vigerii San. Mariæ Transtibe. Præsbi. Car. Senogallien. — Decachordon Christianum. *Hieronymus Soncinus, in urbe Fani caracteribus impressit, die X Augusti,* M.D.VII **(1507)**, G. de sancto Leone et Francisco Armillino de Serra com. correctoribus. In-fol. Cuir de Russie à comp.

> Ouvrage orné de 16 gravures en bois de la grandeur des pages, de bordures et d'un certain nombre de petites figures en manière criblée. Volume extrêmement rare, exempl. presque non rogné.

241. Opera Virgiliana cum decem commentis, docte et familiariter exposita. Additum est opusculum, in priapi lusum, quod in antea impressis minime reperitur. *Lugduni, Crespinus,* 1529, in-fol., rel. en bois.

> Cette édition, qui contient le XIIIe livre de l'Enéide par Mapheus Vegius, est ornée d'un grand nombre de belles et curieuses gravures sur bois.

242. Hippocomice. Kunstlicher Bericht, etc. Description et manière de dresser les chevaux, publiée par Fayser le jeune. *Augspurg, Manger,* 1580, in-fol., peau de truie gaufr., ferm. (Belle reliure originale.)

> Première édition d'une grande rareté. (Voyez Becker « Monographie des œuvres de J. Amman.) Elle contient un grand nombre de jolies figures sur bois, reprós. des cavaliers, combats, etc., et gravées sur les dessins de Josse Amman.

243. Maniement d'armes, d'arquebuses, mousquetz et piques, represenió par figures, par Jaques de Gheyn (texte en franç. et allem.). *Francfort, Hoffman,* 1609, pet. in-4, 127 gravures sur bois, cart.

244. Danse des morts. Die Baseler Todtentaenze, in getreuen Abbildungen. (Les Danses des morts de Bâle, exactement représentées, suivies d'une Danse des morts, gravée en bois, du quinzième siècle, et de recherches historiques, littéraires et bibliographiques sur les Danses des morts.) *Stuttgart*, 1847, 1 vol. in-12, et atlas gr. in-4, fig. noires et color., cart. non rogn.

> L'atlas se compose de 22 planches noires et d'autant *coloriées avec soin*, contenant 81 sujets, plus de 27 planches lithographiées. On n'a publié que 25 exemplaires *avec planches coloriées*. Epuisé et devenu rare.
> La dernière partie reproduit la célèbre Danse macabre xylographique de la bibliothèque de Heidelberg.

245. La Danse des morts, par Sal. de Rusting (avec un texte en hollandais). *Amsterdam*, 1707, pet. in-8.

> Danse des morts grotesque, grav. en taille-douce.
> Très belles épreuves.

246. La Danse des morts, peinte à Berne dans les années 1515-1520 par Nicolas Manuel, et lithographiée d'après les copies exactes du célèbre peintre Guillaume Stettler. *Berne*, s. d., gr. in-fol., en portefeuille.

> Titre, 3 feuilles de texte, portrait et 24 planches. Rare.

247. L'abrégé du faux clergé romain (connu sous le titre : Renversement de la morale chrétienne). *S. l. n. d. (vers 1700)*, 50 planches et frontisp. gravé, broch.

> Exemplaire absolument neuf, avec les planches avant le texte et qui représentent les personnages en pied. (Brunet, IV, 67.)

248. Wol-geschliffener Narrenspiegel, c'est-à-dire : Miroir des fous, par Wahrmund Jocoserius. *Freystadt, dans cette année* (vers 1680), in-fol., cart.

> Caricatures sur les passions et les amateurs, en 115 planches, par Merian. L'Amateur des livres se trouve à la première page. Le texte est en vers allemands.
> Très belles épreuves.

249. Les principales avantures de l'admirable Don Quichotte, représentées en figures par Coypel, Picart le Romain, et autres habiles maîtres, avec les explications des xxxi planches de cette magnifique collection. *La Haye, de Hondt*, 1746, in-4, fig., veau.

250. Description des principales pierres gravées du cabinet de monseigneur le duc d'Orléans (par de La Chau et Le Blond). *Paris*, 1780-84, 2 vol. in-fol., fig., cart. non rogn.

> Rare dans cette condition.

251. Recueil de têtes choisies de personnages illustres dans les lettres et dans les arts, exactement dessinées et gravées, de la grandeur des originaux, par Paul Fidanza, d'après les peintures de Raphaël d'Urbin et autres grands maîtres. *Rome*, 1785, 2 vol. très gr. in-fol., 180 planches tirées en couleur, broch.

252. L'Entrée de l'empereur Sigismond à Mantouë, gravé en vingt-cinq feuilles d'après une longue frise exécutée en stuc dans le palais du T. de la même ville, sur un dessin de Jules Romain, par Ant. Bauzonnet Stella. *Paris, Joubert*, 1675, gr. in-fol.-obl., broch.

253. Entrée de Charles V à Bologne. Opus hoc absolutum est Nic. Hogenbergo artifice, Engelberto Bruning socio impensarum, S. d., gr. in-fol., 38 planches et 2 frontisp., vél.

> Très bel exemplaire d'un volume de la plus grande rareté, publié vers 1560. Il contient à la fin la description manuscrite (comtemporaine), en français, des cérémonies, fêtes, etc., 24 pages.

254. La reale Galleria di Torino, illustrata da Roberto d'Azeglio, direttore della medesina. *Torino*, 1836 et suiv. 3 vol. gr. in-fol., d. rel.

Galerie gravée en taille-douce. Exempl. de souscription.

255. Galerie de Florence. Imperiale e reale Galleria di Firenze, publicata con incisione in rame, da una societa sotto la direzione di Bartolini, Bozzuoli, Jesi e Marco, ed illustrata da Ferdinande Ranalli. Dedicata a sua Ma. l'imper. Niccolo I. *Firenze*, 1841–1859, 95 liv. en 6 cart. gr. in-fol.

Publication de la plus grande beauté qui efface toutes les autres qui ont été faites sur cette célèbre galerie. Elle a été seulement tirée pour les souscripteurs. Tout ce qui a paru. Prix de souscription : 1425 fr.

256. Di Lucio Vitruvio Pollione de architectura libri dece, tradutti de latino in vulgare, col commento de Cesare Cesariano. *Como, Gotardo da Ponte*, 1521, gr. in-fol., fig. en bois, veau gaufr.

Première et rare édition, en italien, ornée de curieuses gravures en bois. Celle du feuillet 174 verso représente un grand vaisseau, mû par des roues comme un bateau à vapeur.

257. La Hypnerotomachia di Poliphilo, cioè pugna d'amore in sogno. *Vinegia, in casa de' figliovoli d'Aldo*, 1545, in-fol., fig. sur bois, vél.

Sans contredit un des livres les mieux illustrés. Les dessins, attribués en général à Giovanni Bellino, paraissent être de Marescalco detto Bonconsiglio, dont le monogramme se trouve sur deux planches. La grande figure du Priape se trouve intacte.

258. Livre d'architecture de Jaques Androuet du Cerceau, auquel sont contenues diverses ordonnances de plans et élévations de bastiments pour seigneurs, gentilshommes et autres qui voudront bastir aux champs. *Paris, Androuet du Cerceau*, 1582, gr. in-fol., fig., veau fauve, plats ornés, tr. dor. (Rel. orig.)

Très bel exemplaire, provenant de la bibliothèque de M. Horace Walpole.

259. Antiquitates architectonicæ (avec un texte en allem. par Hans Blum). *Zurich*, 1596. — Il settimo libro d'architettura di Sebast. Serlio (en italien et latin). *Francofurti, Wechel*, 1575, 2 vol. en un, gr. in fol., fig. sur bois, peau de tr. gauf. (Rel. orig.)

Le 7e livre de Serlio est d'une grande rareté. On y trouve des notions sur Fontainebleau.

260. Variæ architecturæ formæ, a Joa. Vredemanni Vriesio inventæ. *Antverpiæ, Gallæus*, 1601, titre et 20 pl. — Artis perspectivæ formulæ...., inventor J. Fridmannus Frisius. *Antverpiæ, G. de Jode*, 1568, 18 pl. — Theatrum vitæ humanæ æneis tabulis per J. Phrys. exaratum. *Antverp., P. Balt*, 1577, 7 pl., 1 vol. in-fol. obl., non rel.

261. Manière de bien bastir pour toutes sortes de personnes..., par Pierre Le Muet. *Paris, Jollain*, 1681, 2 part. en 1 vol. gr. in-fol., fig., veau.

262. Wienerisches Architectur-Kunst-und Sæulen-Buch, durch J. Indau (menuisier de l'impératrice). *Augspurg, Wolff*, 1722. — Les plafonds de Pozzi. Corvinus sculps., Wolff. excud. Titre et 8 pl. doubles, 2 vol. en un gr. in-fol., cart,

La seconde suite (complète ici) est bien exécutée et fort rare.

263. Fleurs à l'usage des orfévres. (*Nurnberg*, vers 1640), 8 pl. in-fol., cart.

264. Trophées d'armes à l'italienne, par J. Le Pautre ; cheminées, par le même, etc., in-fol., 21 pl., cart.

265. Cours d'architecture qui comprend les ordres de Vignole, avec

des commentaires, les figures et descriptions de ses plus beaux bâtiments
et de ceux de Michel-Ange…, par A. C. Daviler. *La Haye*, 1730, 2 vol.
in-4, fig., d. rel.

266. Civilbaukunst (Architecture civile, par P. Decker). *Nurnberg,*
s. d., 3 vol. gr. in-fol., broch.

> Suite de l'Architecte royal, du même auteur.

267. Manuale di varii ornamenti tratti dalle fabriche, e frammenti antichi per use e commodo de' pittori, scultori, architetti, etc., raccolta,
disegnata ed incisa da C. Antonini. *Roma*, 1781-90, 5 part. en 1 vol.
in-fol., d. rel. mar. rouge.

> Exemplaire complet. Ire partie : Rosaces, 50 pl. IIe partie : Rosaces, 50 pl.
> IIIe partie : Candélabres, 65 pl. IVe partie : Candélabres, 30 pl. Ve partie : Horloges
> solaires, 18 pl.

268. Morceaux de caprice à divers usages inventés par François de
Cuvilliés, conseiller et architecte de Sa Majesté Imperiale. *Munich, chez*
l'auteur, et Paris, chez Poilly, 1746 et suiv., gr. in-fol., bas.

> Volume de 205 planches. Belles épreuves. Cuvillier, né à Soissons en 1698, était
> un des architectes et décorateurs les plus célèbres de la première moitié du XVIIIe siè-
> cle ; la collection contient des décorations, meubles, serrurerie, etc.
>
> Les œuvres de cet artiste, publiées à l'étranger, se trouvent difficilement. (Voir la
> notice de M. Bérard.)

269. Ornements de Pergolesi. — Pergolesi del. et publish'd according
to act of the Parliament, 1777-1801 (*S. l.*), 70 pl. gr. in-fol., cart.

> Suite introuvable, contenant 479 sujets, meubles, décorations et ornements, d'une
> belle exécution.

270. Topographia Galliæ, ou Collection des vues de la France.
Beschreibung von Frankreich. *Francfort*, 1655-61, 13 part. en 2 vol.
in-fol., fig., rel., vél. marbr.

> Ouvrage orné de centaines de gravures par Merian. L'explication des plans de Paris,
> qui manque presque toujours, se trouve dans notre bel exemplaire. Les 4 grands plans
> et vues de Paris y sont intacts.

271. Les antiquités, fondations et singularités des plus selebres (sic)
villes, chasteaux et places remarquables du royaume de France (par F.
Des Rues). *Constances, Jean le Cartel*, 1605, pet. in-12, frontisp. par
L. Gaultier, vél.

272. Description historique de Dunkerque, contenant son origine…,
les grands hommes qu'elle a produits…, avec une description exacte de
ses principaux édifices, etc., par P. Falconnier. *Bruges*, 1730, 2 tomes
en 1 vol. gr. in-fol., fig., veau.

273. Topographia Alsatiæ, etc., ou Description et représentation des
principales villes de l'Alsace, avec un texte allemand. *Francfort*, 1644,
in-fol., vél.

> Grand nombre de vues et plans par Merian : Strasbourg, Schlestadt, Mulhouse,
> Montbéliard, etc.

274. Voyage des environs de Paris, par M. D. (Dargenville). *Paris, De*
Bure, 1755, in-12, fr., veau.

275. Plan de la ville et fauxbourg de Paris, divisé en vingt quartiers,
dont la plus grande partie a été rectifiée d'après différents dessins levés
géométriquement, tirés du cabinet de M. le chev. de Beaurain. *Paris*,
1763, in-fol., v., fil. (Rel. orig.)

> Plan de Paris en 36 grandes feuilles ; on a ajouté *Les étrennes françoises*, in-4,
> d. rel., qui contiennent la feuille d'assemblage, et un certain nombre de jolies figures
> de Gravelot et Saint-Aubin.
>
> Ce plan (destiné à être collé sur toile) est un des plus curieux monuments sur Paris
> de l'époque de Louis XV.

VII. Noblesse. Chevalerie.

276. Les ordonnances de l'ordre de la Thoyson d'or. *S. L. N. D. Anvers, Plantin*, (vers 1556), pet. in-fol., vel. gren., tr. dor.

> Très bel exemplaire de la première édition, imprimé sur VÉLIN (initiales en or).
> Il a été continué en manuscrit jusqu'à la mort de Philippe II.

277. Phi. Joa. Speneri Insignium theoria, seu operis heraldici pars generalis. *Francofurti*, 1690. — Ejusdem operis pars specialis. *Francofurti*, 1690. — 2 vol. in-fol., vél. (Aux armes.)

> Très bel exemplaire. Grand nombre de blasons grav. sur cuivre.

278. La même collection, reliée dans un seul volume.

> Bel exempl. Les blasons ont été color. à l'époque.

279. Nobilitas politica vel civilis, personas scilicet distinguendi, et ab origine inter gentes, ex principum gratia nobilitandi forma. Quo tandem et apud Anglos qui sint nobilium gradus, et quæ ad nobilitatis fastigia evehendi ratio, ostenditur, (auct. Th. Milles). *Londini, Jaggard*, 1608, in-fol., cart.

> Belles figures de volume, gravées délicatement en taille-douce.

280. Traité des tournois, joustes, carousels et autres spectacles publics, par le P. Menestrier. *Lyon*, 1669, in-4, fig., vél.

> Volume rare. Le titre manque.

281. Le véritable art du blason, ou l'usage des armoiries (par le P. Menestrier). *Paris, Michallet*, 1673, in-12 fig., veau.

282. Den Nederlansken Herauld, ofte tractaet van Wapenen. C'est-à-dire le Hérault d'armes des Pays-Bas, avec la description des ordres et décorations étrangers, etc., par Thomas de Rouck. *Amsterdam, Jan Janssen*, 1645, in-fol., fig. et blasons, vél.

283. Mémoires sur l'ancienne chevalerie, considérée comme un établissement politique et militaire (par de La Curne de Sainte-Palaye). *S. l.*, 1753, in-4, veau.

284. Mémoires sur l'ancienne chevalerie, considérée comme un établissement politique et militaire, par de La Curne de Sainte-Palaye. *Paris, Duchesne*, 1759, 2 vol. in-12, bas.

285. Généalogie des rois de France, à partir de Clodion jusqu'à Charles IX. *S. l. n. d.* (*Paris*, vers 1566), 13 ff. gr. in-fol. (sign. A—N), portraits gravés en bois, mar. bleu, large dent.

> Belle reliure aux armes de LOUIS-PHILIPPE. Les feuillets sont imprimés d'un seul côté, et les portraits fort bien exécutés.

286. Almanach de Gotha (*en français*). Années 1777, 1779, 1782, 1784, 1786-1813, 1815-16, 1818, 1821, 1824. Ensemble 37 vol. in-18, fig., cart.

> Collection qui contient presque tous les volumes rares qui sont devenus introuvables

287. Armorial d'Angleterre et de France. Manuscrit sur papier, petit in-fol. vél.

> Ce volume important et précieux se compose de trois parties différentes : la première de 54, la seconde de 84 et la troisième de 12 feuillets. La première partie, de la fin du XIVe siècle, est la copie d'un autre manuscrit antérieur à 1280 (d'après une

note de Malotau de Villerode, à la page 106), qui paraît être perdu. A la 6e page se trouve le passage suivant : « *Chi apres senssuivent les armes dou Roy Richart dengletierre et de ses compaignons..... encontre le roi Salhadin* », d'où l'on peut conclure avec raison que les noms des seigneurs français portant bannière en 1279, rangés d'après les provinces, représentent les familles illustres qui ont pris part aux croisades. Nous nous bornons à citer seulement celles de *des Bares, Caumont, Clermont, Courtenay, de Forest, Fontanes, Harcourt, d'Houdelot, Lalande, Launay, Marly, Mauvoisin, Montagut, Montfort, Montmorency, Mornai, des Mousliers, prince d'Orange, Qaatrebarbes, Rochechouart, Rochefoucauld, Tournon, de la Tour, Trazegnies*. A chaque nom se trouve le blasonnement exact des armes de la famille indiquée. — La seconde partie, de la première moitié du XVe siècle, donne la généalogie détaillée de l'illustre famille *de Trazegnies*. — La troisième, plus récente, celles de plusieurs autres familles illustres de la Flandre et des Pays-Bas. *de Landas, Legne, Lannoy, Chastillon*, etc. Le volume est enrichi de blasons du temps, entre autres de ceux de *Merode, Arschot, Berghes de Grimberghes, Trazegnies, Lalain, Ligne, Lannoy, Neuville* ; enfin les armes de *Messire Aubri, comte de Dampmartin, qui fut tué devant la cité d'Acre*, 1193, peintes en or et couleurs.

288. Excellentium familiarum in Gallia genealogiæ, a prima earumdem origine usque ad præsens ævum deductæ, per J. W. Imhoff. *Norimbergæ*, 1687, grand nombre de blasons, vél.

> Très bel exemplaire d'un ouvrage rare et fort important pour l'histoire de la noblesse de France.

289. Wappenbuch des Heiligen Romischen Reichs, und allgemainer Christenheit in Europa (Armorial du Saint Empire romain et des pays chrétiens de l'Europe) durch Martin Schrot. *Munchen, Adam Berg*, 1580, in-fol., fig. color., vél.

> Premier armorial général que l'on ait publié. Volume d'une grande rareté, dont le texte est en vers allemands et latins.

290. Alliances généalogiques des rois et princes de Gaule par Claude Paradin. *Lyon, Jan de Tournes*, 1561, in-fol., veau.

> Grand nombre de blasons grav. en bois.

291. Histoire des maisons de Dreux, de Bar-le-Duc, de Luxembourg, du Plessis de Richelieu, de Broys et de Châteauvillain. par André Du Chesne, Tourangeau. *Paris, Cramoisy*, 1631, in-fol., blasons, veau ant. (Rel. orig.)

292. Noblesse de Lorraine. Déclaration par ordre alphabétique des gentilhommes de l'ancienne chevalerie, de leurs pairs, ensemble d'autres vassaux des sérénissimes *ducs de Lorraine*, et des gentilhommes par eux déclarés ou creez, avec la description du blazon de leurs armes et quelques remarques sur leurs généalogies et actions dignes de considération. Etat contenant les noms des villages de la Lorraine et Barrois. — Anoblis tant avant que depuis l'édit du duc Charles III, du 11e juin 1573, etc., etc., in-fol. veau fauve, fil., dos de maroq. rouge. (Reliure originale.)

> Précieux manuscrit du commencement du siècle passé. Plus de 400 feuillets (belle écriture).
>
> Il contient aussi des détails sur la vie de Charles IV, duc de Lorraine, des copies de lettres importantes, etc.

293. Histoire généalogique de la maison de Vergy, justifiée par chartes, titres, arrests et autres bonnes et certaines preuves, par André Du Chesne. *Paris, Cramoisy*, 1625, in-fol. fig. de sceaux et blasons, veau. (Aux armes.)

294. Les memoires historiques de la république Séquanoise, et des princes de la Franche-Comté, par Lois Gollut. *Dole, par Ant. Dominique, pour ledict Fr. Gollut*, 1592 (28 ff. et 1108 pages). In-fol. vél. (Bel exempl. presque non rogn.)

> Les pages 726—788 contiennent l'Armorial, important pour les familles nobles de la Belgique.

295. Histoire des seigneurs de Mayenne et de ce qui s'est passé de plus
considérable en cette ville. In-fol., cart. non rogn.

> Manuscrit inédit sur papier, du milieu du siècle passé, composé de 283 pages pour
> l'*Histoire* et 83 pages pour les *Preuves*.

296. Extrait de la généalogie de la maison de Mailly, suivi de l'histoire
des comtes de Mailly, marquis d'Haucourt, et de celle des marquis du
Quesnoy. *Paris, Ballard*, 1737, gr. in-4, blasons, mar. citr. large dent.
tr. dor. (Padeloup.)

> Reliure des plus curieuses, richement *argentée*, et qui porte au milieu et aux coins
> des plats les armes de Mesdames. Les reliures dans ce genre sont introuvables et
> presque inconnues. Exempl. en très grand papier.

297. Historia antica e moderna, sacra e profana, della città di Trieste,
auct. Jereneo della Croce. *Venetia*, 1698, in-fol., veau. (Bel exempl.)

> Grand nombre de blasons, de figures et d'inscriptions.

298. Teatro genealogico delle famiglie nobili, titolate, feudatarie ed
antiche nobili del regno di Sicilia, viventi ed estinte, del S. Don F. Mu-
gnos. Parte prima. *Palermo, Coppola*, 1647, in-fol., blasons grav. sur
bois, cart. non rogn.

299. Historischer Bericht vom Marianisch Teutschen Ritter-Orden des
Hospitals unser lieben Frauen zu Jerusalem. (Histoire de l'ordre teutoni-
que, par Venator). *Nuremberg*, 1680, in-4, fig., parch.

> Important pour l'histoire de la noblesse de la Livonie.

300. Statuta hospitalis Hierusalem. (*Romæ*, 1586), in-fol., fig. vél.

> Avec une cinquantaine de portraits et un grand nombre de planches représ. des
> cérémonies, etc., par Phil. Thom. Gallus.

301. Filiation, ou déduction noble et militaire de père en fils de feu
messire Philippe de Beaurieu, baron de Beeck, seigneur de Wonfort,
etc., dressée par le sieur Jean Gille le Fort, escuyer roi d'armes de S. M.
Impériale. In-fol., veau.

> Manuscrit sur papier, important pour l'histoire de la noblesse de Belgique. Il a été
> exécuté en 1706 et contient un grand nombre de blasons coloriés.

302. Histoire généalogique de la royale maison de Savoye, avec les
preuves, par Samuel Guichenon. *Turin*, 1778-80. — Bibliotheca Sebu-
siana. *Turin*, 1750, 5 vol. in-fol., fig. et blas., d. rel.

> Ce grand ouvrage, devenu rare, est un supplément indispensable à l'histoire gé-
> néalogique de France du Père Anselme.

2796. — Paris, imprimerie de Charles Jouaust, 338, rue Saint-Honoré.